Marie-
M. Sc., ps. éd. Psychothérapeute

DE L'INSATISFACTION À L'ACCEPTATION CORPORELLE

Développer une relation
plus positive avec son corps

De l'insatisfaction à l'acceptation corporelle : développer une relation plus positive avec son corps
Marie-Michèle Ricard, M.Sc., ps. éd. Psychothérapeute

© 2021 Les Éditions JFD inc.

Catalogage avant publication de Bibliothèque et Archives nationales du Québec et Bibliothèque et Archives Canada

Titre : De l'insatisfaction à l'acceptation corporelle – développer une relation plus positive avec son corps

Noms : Ricard, Marie-Michèle.

Identifiants : Canadiana 20210064773 | ISBN 9782897991647

Vedettes-matière : RVM : Image du corps. | RVM : Troubles de l'image du corps. | RVM : Acceptation de soi.

Classification : LCC BF697.5.B63 R51 2021 | CDD 306.4/613–dc23

Les Éditions JFD inc.
CP 15 Succ. Rosemont
Montréal (Québec)
H1X 3B6

Courriel : info@editionsjfd.com
Web : editionsjfd.com

Tous droits réservés.
Toute reproduction, en tout ou en partie, sous quelque forme et par quelque procédé que ce soit, est strictement interdite sans l'autorisation écrite préalable de l'éditeur.

ISBN : 978-2-89799-164-7

Dépôt légal : 4ᵉ trimestre 2021
Bibliothèque et Archives nationales du Québec
Bibliothèque et Archives Canada

Photo de l'auteure : www.brazeauphoto.com

Imprimé au Québec

AVERTISSEMENT

Toute ressemblance avec des personnes existantes ou ayant existé est purement fortuite (le fait du hasard).

Ce livre se veut une vulgarisation et une transmission d'informations. Il ne saurait remplacer un avis médical. En cas de besoin, une consultation avec une professionnelle ou un professionnel de la santé spécialisé en la matière est recommandée.

REMERCIEMENTS

Comment bien remercier toutes les personnes ayant contribué de près et de loin à l'aboutissement de ce livre ? Comment choisir les bons mots pour transmettre la sincère reconnaissance qui m'habite ? Les personnes qui me connaissent le savent : les mots sont importants pour moi.

Vous êtes nombreuses qui, par votre présence, votre confiance, vos commentaires, vos besoins et même votre histoire, avez permis l'écriture de ce livre. Vous êtes ma famille, mes amies et amis, mes collègues, mes étudiantes et étudiants, mes clientes et clients.

Vous m'avez accompagnée,
vous avez cru en moi, encouragée, sensibilisée.
Vous m'avez confrontée, amenée à réfléchir.
Vous m'avez appris. Beaucoup.
Vous êtes si nombreuses.
J'espère sincèrement que vous vous reconnaîtrez et
que vous prendrez, chacune, les mots qui vous reviennent.
À vous, je vous dis merci.
Du fond du cœur.

L'utilisation du terme « obésité »

« Obésité » est un terme médical qui signifie un excès anormal de graisse corporelle présentant un risque pour la santé et qui correspond à un indice de masse corporelle (IMC) de 30 ou plus. Pour sa part, le surpoids fait référence à un IMC de 25 à 29.

L'éthique de la recherche suggère l'utilisation de termes inclusifs, sauf dans les cas où l'on veut faire référence à une condition particulière. Dans ce contexte, on utilise le terme « obésité » de manière neutre, afin de référer à une population présentant un poids correspondant à un IMC de 30 ou plus, et sans inférer que l'obésité est reliée à des problèmes de santé.

Comme ce livre se base sur des données de recherche, les termes « surpoids » et « obésité » sont utilisés lorsque nécessaire afin d'identifier la population échantillonnale visée. Bien que le terme « obésité » puisse être perçu stigmatisant pour certains, une attention particulière est portée à l'utilisation de termes inclusifs, non stigmatisants et respectueux des personnes.

PRÉFACE
par Julie Artacho, photographe et militante anti-grossophobie

Je photographie des gens depuis l'âge de 18 ans. J'ai passé les deux années de mes études préuniversitaires en théâtre à photographier mes amis, et j'ai décidé de poursuivre mes études dans ce domaine plutôt qu'en théâtre. Depuis 2006, je suis donc photographe professionnelle à Montréal.

Ma spécialité étant le portrait, mon travail a été publié dans la plupart des magazines québécois comme le *Elle Québec*, *Châtelaine*, *Clin d'œil* et le magazine *VÉRO*, ainsi que dans quelques publications internationales. On me connaît aussi pour mes nombreuses collaborations avec le monde du théâtre et de la danse contemporaine.

Depuis des années, mon travail est donc de rendre hommage à la beauté des gens, qu'elle corresponde ou non aux standards de beauté de la société.

Lors des séances photo, je suis toujours confrontée à l'image corporelle souvent négative des gens. Ce sont sensiblement toujours les mêmes complexes : les rides, l'asymétrie du visage, le double menton, la peau qui vieillit, l'œil plus petit que l'autre, les dents qui jaunissent, le corps qui grossit, les cheveux blancs.

J'ai vu de magnifiques actrices incapables de se voir belles, et j'ai vu des personnes à la beauté atypique se célébrer sans problème. J'ai photographié des personnes minces gênées de la grosseur de leur corps, et des personnes grosses se foutre des poses que l'on appelle « flatteuses ».

En tant que femme grosse qui ne correspond pas au modèle de beauté mis de l'avant autour de moi, le constat de voir autant de gens malheureux pour ce qui relève parfois du détail m'a amené à embrasser toute la personne que je suis comme je suis. D'ailleurs, quand on me demande le secret de ma confiance en moi, je réponds que le fait d'être confrontée à autant de tristesse, d'insatisfaction, d'obsession corporelle et de dénigrement m'a montré que de correspondre au modèle de beauté ne sera jamais suffisant pour nous rendre heureux, et que le bonheur est sûrement plus dans cette espèce de liberté que l'on obtient quand on décide que notre valeur n'est pas déterminée par notre apparence.

Parallèlement à mes contrats de photographie, je continue à réaliser des projets personnels qui se rapprochent de mes envies de montrer plus de diversité corporelle. En 2015, j'ai attiré l'attention des médias avec une série de photos nues avec un partenaire pour ouvrir une discussion sur la diversité dans l'intimité. Depuis, je milite pour la diversité corporelle et contre la grossophobie. Ma voix a été entendue à ce sujet dans plusieurs médias, autant à la radio, à la télé que sur le Web.

J'utilise aussi ma plateforme Instagram pour parler des enjeux liés à la grossophobie et pour y dénoncer des comportements et propos grossophobes. J'essaie de faire passer des messages avec humour pour faire comprendre combien certains préjugés sont ridicules. De plus, en messages privés, je recueille des témoignages de grossophobie ordinaire vécue par de grosses personnes, des traumatismes vécus dans le système de santé, des confidences sur les conséquences de l'insatisfaction corporelle dans la vie quotidienne et des peurs de transmettre ses complexes et préjugés à ses enfants. Ce que vivent les personnes grosses est directement lié à la valorisation de ce modèle unique de beauté et aux idées préconçues que nous avons face au poids et à la santé.

À travers mon travail et mon militantisme, je vois les ravages et les conséquences de la pression à correspondre au modèle de beauté proposé. Je suis attristée de voir que plusieurs pensent que notre valeur est déterminée selon notre apparence et que pour réussir, être aimé.e et respecté.e, nous devrions ressembler à un modèle unique. Ce que nous savons pertinemment être impossible. Nous ne pouvons pas contrôler à 100 % ce à quoi notre corps ressemble, et chercher à le contrôler ne peut qu'amener de la déception.

Préface par Julie Artacho, photographe et militante anti-grossophobie

La société a un urgent besoin de comprendre que le manque de représentations de corps et de beautés diversifiés ainsi que la pression du modèle de beauté unique entraînent une chaîne de conséquences dommageables sur plusieurs générations.

> Dans une société où la santé s'élève presque au niveau de religion, nous n'avons jamais autant confondu être en santé et avoir l'air en santé.

Je crois que le présent ouvrage permettra à plusieurs de comprendre le cercle vicieux de l'insatisfaction corporelle, de comment nous pouvons facilement tomber dans ses rouages et comment nous en sommes venus à nuire à notre santé physique et mentale pour nous rapprocher d'un idéal unique de beauté. Dans une société où la santé s'élève presque au niveau de religion, nous n'avons jamais autant confondu être en santé et avoir l'air en santé. Et ce que nous apprenons ici est que de correspondre aux standards de beauté est souvent perçu comme un signe de santé alors que pour atteindre cet idéal, nous pouvons nuire grandement à celle-ci.

Malgré le fait que le discours sur la diversité corporelle soit de plus en plus présent dans les médias en tout genre, force est de constater que les problèmes liés à une mauvaise image corporelle ne font que continuer d'augmenter. Nous n'avons jamais eu autant de possibilités de transformer notre apparence, autant avec des chirurgies esthétiques qu'avec des filtres et des applications. Au lieu de lutter pour plus de diversité corporelle, nous luttons malheureusement souvent contre nos propres complexes tout en sachant qu'il y a un certain danger à vouloir autant changer notre apparence. Nous pouvons réellement mettre notre vie en danger en essayant de ressembler à quelqu'un que nous ne sommes pas et c'est urgent de le comprendre.

Marie-Michèle nous présente ici, d'une façon claire et vulgarisée, les enjeux liés à l'insatisfaction corporelle tout en offrant des pistes de solution pour améliorer son image corporelle. Je souhaite sincèrement que cet ouvrage fasse réaliser combien la pression de correspondre à un modèle unique de beauté est responsable de créer autant de comportements dommageables envers soi et les autres, de perpétuer de fausses croyances et des préjugés par rapport à l'apparence et de donner une importance dangereuse à la stigmatisation liée au poids.

Je nous souhaite collectivement plus de bienveillance et plus d'amour envers notre propre unicité. À trop vouloir ressembler à quelqu'un d'autre que soi, nous passons souvent à côté de notre propre existence.

Libérez-vous des attentes irréalistes que l'on essaie de vous faire avaler depuis toujours. N'attendez pas de ressembler à quelque chose de précis avant de vivre complètement. Nous ne sommes pas faits pour être des versions avant/après. Vous êtes qui vous êtes. Profitez de qui vous êtes, comme vous êtes, aujourd'hui.

En vous souhaitant une bonne lecture,

Julie Artacho
Photographe et militante anti-grossophobie
julieartacho.com
@coeurdartacho
@coeurdartacho

PRÉFACE
par Caroline Huard (Loounie), créatrice culinaire

J'avais 8 ans la première fois que j'ai réalisé que mon corps n'était pas comme celui de mes amies. Pas comme celui des filles que je voyais à la télé non plus. J'avais 8 ans quand j'ai compris que j'étais «mal faite». Et il m'aura fallu presque 30 ans pour déconstruire tout ça.

Les gens qui étaient «bien faits» n'avaient pas de bourrelets quand ils s'assoyaient, ni de double menton quand ils riaient. Les gens qui étaient «bien faits» pouvaient porter des shorts très courts quand il faisait chaud et n'avaient pas besoin de t-shirt à la piscine. Les gens qui étaient «bien faits» recevaient des cartes de Saint-Valentin et des invitations pour le bal des finissants. Les gens qui étaient «bien faits» pouvaient aussi rêver d'une carrière à la télé. Parce que les gens «mal faits», on ne voulait pas les voir. Je me disais que les gens «bien faits» devaient avoir des vies tellement simples, avec le bonheur, l'amour et le succès au bout des doigts.

À 8 ans, j'avais déjà mis le doigt sur le fait qu'on ne choisit pas réellement la forme de notre corps, mais que l'on est fait ainsi. Pourtant, j'ai passé mon adolescence et la majeure partie de ma vie adulte à me questionner sur les choses que je devais faire tout croche pour avoir un corps qui n'était pas mince. Je ne crois pas avoir passé une seule journée sans penser à ce que je devrais faire pour réussir à ne plus être grosse. Je ne crois pas avoir vécu une seule déception où je n'ai pas blâmé mon poids, ni célébré aucune victoire sans me demander comment ça aurait pu être encore mieux si j'avais été mince. J'étais habitée par une colère subtile, mais continuelle face à mon corps. Même s'il me gardait en bonne santé et qu'il me permettait de bouger, je lui en voulais de ne pas ressembler à celui des filles des magazines.

Je suis bachelière en sciences et j'ai été ergothérapeute clinicienne pendant plus de 15 ans, principalement en santé mentale. J'étais une professionnelle de la santé, informée et bienveillante, et ce n'est qu'au cours des dernières années que j'ai été éveillée aux concepts de la grossophobie, de la culture des diètes et de l'image corporelle saine. Je ressens encore de la colère, mais elle n'est maintenant plus dirigée contre mon corps (la plupart du temps!), mais bien vers les systèmes et les industries qui profitent de ces insécurités.

> Comme créatrice culinaire, ma mission est d'aider les gens à retrouver le plaisir de cuisiner et de savourer les aliments pour leurs qualités sensorielles et la satisfaction qu'ils procurent, plutôt que par préoccupation à l'égard du poids.

Je me demande souvent ce que j'aurais pu accomplir de différent si je n'avais pas consacré autant de temps, d'argent, d'énergie et d'espace mental à essayer de changer des choses qui ne se changent pas et à me blâmer d'être simplement comme je suis. Je me demande comment ma vie aurait été différente si j'avais pu lire un livre comme celui-ci, et si les personnes influentes dans ma vie avaient aussi pu lire un livre comme celui-ci. Marie-Michèle nous donne accès à un savoir qui a tout pour nous motiver et nous aider à changer collectivement nos perspectives sur l'image corporelle, le poids et toute la relation que l'on entretient avec notre corps et la nourriture, et ce, même si c'est inconfortable. Comme créatrice culinaire, ma mission est d'aider les gens à retrouver le plaisir de cuisiner et de savourer les aliments pour leurs qualités sensorielles et la satisfaction qu'ils procurent, plutôt que par préoccupation à l'égard du poids. Dans un monde empreint de culture des diètes, ce n'est pas toujours facile, mais je sais que ça en vaut la peine!

Quand je repense à la petite fille, à l'adolescente et même à l'adulte que j'étais, j'ai envie de lui faire un énorme câlin et de lui dire que les choses deviendront plus faciles, grâce au travail de personnes comme Marie-Michèle.

Bonne lecture!

Caroline Huard, alias Loounie
Créatrice culinaire, auteure, chroniqueuse, conférencière et entrepreneure

loouniecuisine.com
@loounie
Loounie Cuisine

Table des matières

Remerciements 5

Préface par Julie Artacho 7

Préface par Caroline Huard (Loounie) 11

Avant-propos 15

Introduction 19

Chapitre 1
Comment l'insatisfaction corporelle se développe-t-elle ? 23

Chapitre 2
Qui présente de l'insatisfaction corporelle ? 37

Chapitre 3
Est-il normal de ne pas aimer son corps ? 47

Chapitre 4
Quels sont les risques associés à l'insatisfaction corporelle ? 55

Chapitre 5
Est-ce que l'insatisfaction corporelle mène toujours
à un trouble des conduites alimentaires ? 63

Chapitre 6
Quels sont les impacts des régimes amaigrissants
et du pèse-personne sur l'image corporelle ? 77

Chapitre 7
Quels sont les liens entre l'image corporelle
et le poids, l'alimentation et l'exercice ? 89

Chapitre 8
Quel est le lien entre l'obésité et l'image corporelle ? 99

Chapitre 9
Qu'est-ce que la diversité corporelle ?... 113

Chapitre 10
Comment améliorer son image corporelle ?............................ 121

Conclusion 133

Biographie de l'auteure... 137

Organismes pertinents.. 139

Pour aller plus loin 143

Références... 145

AVANT-PROPOS

Pourquoi ai-je écrit ce livre ?

En tant que clinicienne, professeure, conférencière et formatrice, je suis confrontée aux problèmes d'image corporelle régulièrement, et ce, depuis longtemps. Je suis témoin de nombreuses expressions d'insatisfaction corporelle, d'une grande détresse, de discours encourageant la perte de poids, de minimisation et de normalisation de l'utilisation de moyens de contrôle du poids. En tant que femme, mère et conjointe, je suis tout aussi confrontée aux pressions sociales liées à l'idéal de beauté, de minceur et de jeunesse. Personne n'échappe à ces pressions, mais certaines personnes présentent une plus grande vulnérabilité et développent des difficultés plus grandes, comme une faible estime d'elles-mêmes, ou un trouble dépressif, anxieux ou de conduites alimentaires. En effet, les impacts peuvent être dévastateurs. Depuis plus de dix ans maintenant, je reçois des personnes ayant entrepris une quête interminable et qui plus est, mensongère, leur promettant bonheur, réussite et valeur personnelle par la perte de poids et la beauté. Des personnes ayant acheté du rêve et de l'espoir, au prix de leur santé physique et mentale.

> On ne peut plus passer sous silence la stigmatisation liée au poids et ses conséquences.

Beaucoup de chemin reste à parcourir dans le domaine de la beauté, du poids et du corps. D'une part, la société devient de plus en plus intolérante face au surpoids et de l'autre, de plus en plus tolérante face à cette forme de stigmatisation. En effet, le stigma face au poids est beaucoup plus accepté que le racisme, le sexisme et même plus que l'homophobie ou la transphobie.

En 2021, on doit parler d'image corporelle. On doit parler de diversité corporelle, pour les enfants, pour les adolescent.e.s et pour les adultes. On ne peut plus passer sous silence la stigmatisation liée au poids et ses conséquences. On ne peut plus accepter d'être bombardés de milliers d'images véhiculant un idéal de beauté unique, irréaliste et inatteignable. L'être humain est diversifié. C'est ce qui fait sa richesse, le fait qu'il soit unique et différent des autres.

Peu d'outils spécialisés existent en ce qui a trait au développement d'une image corporelle saine et diversifiée. Ce thème est encore peu enseigné à l'école, au collège et à l'université. Pourtant, certaines études le qualifient comme étant le facteur le plus déterminant face à l'estime de soi, et les conséquences de l'insatisfaction corporelle sont nombreuses et peuvent être très néfastes.

Ainsi, ce livre propose de s'initier aux bases de l'image corporelle en s'adressant au grand public ainsi qu'aux professionnelles et professionnels. Il s'adresse à celle ou celui qui désire comprendre sa propre image corporelle, qui souhaite diminuer ses préoccupations corporelles et qui aspire à développer des pratiques saines visant une image corporelle positive ou encore une neutralité corporelle. Qui sait, peut-être permettra-t-il de diminuer un tant soit peu le stigma relié au poids. Il s'adresse aux parents et au personnel enseignant soucieux de l'impact qu'ils peuvent avoir chez les jeunes et qui désirent les accompagner dans le développement d'une relation saine avec leur corps. Ce livre propose des chapitres courts, offrant une information concrète. Bien qu'une lecture en continu soit recommandée, il est tout à fait possible de se référer à un seul chapitre pour aller chercher une information plus spécifique à un moment donné.

J'ai écrit ce livre afin de vulgariser le sujet de l'image corporelle et son insatisfaction, en respectant les données disponibles à ce jour. J'ai écrit ce livre afin de transmettre l'information la plus utile sur l'importance et les moyens d'améliorer son image corporelle. J'ai écrit ce livre pour sensibiliser aux effets néfastes de la stigmatisation liée au poids et des comportements de contrôle de poids. Je n'ai pas écrit ce livre pour convaincre qui que ce soit qu'une méthode soit meilleure qu'une autre. J'ai écrit ce livre pour ma famille, pour mes amies et amis, pour mes collègues, pour les personnes qui me font confiance,

Avant-propos

pour mes étudiantes et étudiants, pour mes clientes et clients. J'ai écrit ce livre pour moi. J'ai espoir qu'il pourra être un guide facile d'accès auquel on peut se rapporter régulièrement, lorsqu'on a besoin d'un rappel. Un rappel que tous les corps sont différents. Un rappel que le corps humain change, qu'il vieillit. Un rappel qu'il existe tellement de sujets variés pour nourrir nos conversations, autres que le poids et l'apparence. Un rappel que le corps et le poids, ça ne se contrôle pas. Un rappel que l'acceptation corporelle, c'est possible, et c'est bon.

> J'ai écrit ce livre pour comprendre, afin de s'accepter.
> S'accepter soi, mais aussi les autres.
> Notre corps nous appartient.
> Il est beau, simplement parce qu'il est le nôtre.
> Il ne demande pas à être contrôlé.
> Il demande à être écouté.
> Il est notre outil le plus précieux.
> Permettons-lui d'être.

INTRODUCTION

La beauté existe tout autour de nous. Un paysage ensoleillé, des oiseaux qui chantent, un geste de bonté, des enfants heureux. La beauté plaît, la beauté soulage, la beauté… vend. Les fruits lisses sans imperfection et avec des couleurs éclatantes sont même plus faciles à vendre que ceux dont l'apparence est différente. Les fruits imparfaits ? Relayés au compost ou à la poubelle ! Alors qu'arrive-t-il lorsque la beauté se transpose à l'être humain ?

> Le Larousse définit la beauté comme étant la « qualité de quelqu'un, de quelque chose qui est beau, conforme à un idéal esthétique ».

Comment départager le beau du laid ? Comment définit-on quelque chose ou quelqu'un qui est « beau » ? Le Larousse définit la beauté comme étant la « qualité de quelqu'un, de quelque chose qui est beau, conforme à un idéal esthétique ». Intéressant comme définition, n'est-ce pas ? La beauté revient à un idéal, une norme quelconque qui propose des critères précis auxquels correspondre pour être considéré « beau ». Être belle, ou « plus belle », c'est donc se rapprocher le plus possible des normes établies.

Cette quête de beauté a pris des proportions assez importantes et les profits des industries qui la composent le démontrent largement : des dizaines de milliards de profits par année sont associés aux ventes de l'industrie cosmétique, de l'amaigrissement et de l'esthétique. Cependant, ces industries ne visent qu'un seul but : offrir aux personnes d'atteindre la perfection en matière de beauté. En d'autres mots, toutes proposent le même modèle de beauté. En effet, un seul et unique modèle est proposé, ce qui occulte les autres formats corporels et caractéristiques individuelles en leur attribuant parfois même des qualificatifs négatifs, comme « mauvaise santé », « trop vieux » ou « laid ». Malheureusement, plusieurs peuvent se perdre dans une recherche incessante de beauté, de minceur et de jeunesse en développant des comportements malsains et en s'investissant dans des démarches ou des chirurgies qui ne font que les enliser dans un labyrinthe sans sortie, au point d'hypothéquer leur santé physique et mentale.

En contrepartie, depuis quelques années, l'image positive de soi ainsi que la diversité corporelle sont des termes de plus en plus présents dans la société. Ils ont gagné en popularité et tentent du mieux qu'ils peuvent, à travers la parole des professionnelles et professionnels de la santé et de militantes et militants, de percer ce modèle restrictif de beauté afin d'en élargir le moule (jeu de mots intentionnel!). D'ailleurs, les exemples sont nombreux. On exprime de plus en plus l'importance d'accepter son corps tel qu'il est, et on présente les risques associés aux régimes amaigrissants. En janvier 2016, Mattel® a proposé des nouvelles Barbie qui sont plus petites, plus grosses, avec des taches de rousseur ou de couleurs de peau différentes. Certains défilés de mode interdisent dorénavant les femmes avec un indice de masse corporelle (IMC) trop faible, et d'autres encouragent des femmes ayant des courbes plus prononcées. Des magazines offrent en page couverture une femme qui, à leurs yeux, représente la diversité corporelle. Des lignes de vêtements offrent maintenant des tailles plus larges et incluent la feue section « tailles plus » aux tailles dites normales. Des documentaires faisant l'éloge de la diversité corporelle et luttant contre le modèle unique de beauté ont fait leur arrivée sur nos écrans. Le gouvernement du Québec signe la Charte québécoise pour une image corporelle saine et diversifiée ([CHIC], 2009). On milite de plus en plus contre la grossophobie, cette stigmatisation liée au poids. Le 1er juillet 2021, Pinterest a changé ses statuts et règlements pour interdire dorénavant toutes les publicités axées sur une perte de poids.

D'un côté, la société semble emmurée dans un carcan rigide qui condamne sa population à vivre un écart constant et grandissant entre la réalité individuelle et cet idéal imaginaire tout droit sorti d'un conte fantastique. D'un autre, elle semble se préparer à une nouvelle ère. Celle où tous les corps s'unissent pour célébrer enfin la beauté de l'être humain, une beauté loin d'être unique, plutôt collective et diversifiée. Pour enfin se délivrer de ses standards élevés et irréalistes.

L'image corporelle est la perception qu'une personne entretient de son propre corps. Elle est accompagnée d'émotions, de pensées, de comportements et d'attitudes (Wertheim *et al.*, 2009). Cette perception implique une évaluation subjective, entre autres, la satisfaction ou l'insatisfaction de son corps, et représenterait le facteur le plus déterminant en ce qui a trait à l'estime de soi, même plus que le poids réel (Blackburn *et al.*, 2008). Ainsi, la personne ressent des émotions face à son corps, entretient certaines pensées et développe des comportements et attitudes qui concordent avec son évaluation.

Pour connaître son image corporelle, il peut être utile de se fermer les yeux, s'imaginer devant son miroir et se connecter aux émotions et pensées qui s'activent. Ce peut être un exercice simple et plaisant, comme il peut être douloureux et plus complexe. La différence réside dans le fait d'entretenir une image corporelle positive ou négative, une évaluation qui peut changer à travers le temps.

> Pour connaître son image corporelle, il peut être utile de se fermer les yeux, s'imaginer devant son miroir et se connecter aux émotions et pensées qui s'activent.

Avoir une image corporelle positive, c'est de ressentir un amour et un respect pour son corps et de pouvoir en apprécier la beauté unique. C'est d'accepter même les aspects qui sont incompatibles avec les images idéalisées en rejetant les informations négatives de son corps, et pouvoir se sentir belle ou beau, à l'aise, en confiance et heureuse ou heureux avec son corps. Parfois, c'est même de l'admirer et d'être en mesure de miser sur ses fonctions, de mettre l'accent sur ses atouts corporels plutôt que sur ses imperfections (Wood-Barcalow *et al.*, 2010).

Il est tout à fait possible d'avoir une image corporelle positive et d'être légèrement insatisfait de son corps. Ceci se produit quand la personne ressent une forme d'insatisfaction corporelle, tout en étant capable de vaquer à ses occupations, de respecter son corps et de répondre à ses besoins. Toutefois, lorsque les insatisfactions corporelles augmentent au point d'être omniprésentes et souffrantes, elles peuvent altérer le fonctionnement de la personne qui développe une image corporelle négative. Cette évaluation négative, en plus d'être accompagnée de fortes insatisfactions, s'associe à une négation du corps entier ou de ses parties, au développement de comportements de contrôle, au non-respect de ses besoins et à la non-écoute de ses signaux corporels. La personne devient critique et punitive envers son corps, émet des commentaires négatifs et méchants sur lui, ce qui active des émotions désagréables, comme la honte, la culpabilité, la tristesse ou la colère.

Comment l'insatisfaction corporelle se développe-t-elle? Quel rôle les médias jouent-ils? Qui souffre d'insatisfaction corporelle? Est-il normal de ne pas aimer son corps et est-il nécessaire d'améliorer la satisfaction de son image corporelle? Est-ce que la chirurgie esthétique, la pesée ou les régimes sont des pratiques saines pour maintenir une bonne image corporelle? Voilà quelques questions auxquelles ce livre propose de répondre à travers des résultats de recherches, des pistes de réflexion, des connaissances sur le sujet ainsi que des interventions concrètes. Les thèmes abordés offrent un portrait de ce qu'est l'image corporelle, afin d'en comprendre son développement et ses déterminants, mais aussi de connaître les risques associés à l'insatisfaction corporelle. Ainsi, certains comportements et attitudes jouant le rôle de facteurs de maintien seront abordés, tout comme d'autres permettant de se reconnecter à son corps, comme l'acceptation de son poids naturel et la pratique d'activités physiques plaisantes. Aussi, certains troubles de santé mentale comme les troubles des conduites alimentaires et l'obsession d'une dysmorphie corporelle seront brièvement expliqués afin d'en comprendre le lien avec l'image corporelle. Les sections sur l'obésité et la diversité corporelle permettront de démystifier plusieurs idées reçues et de comprendre l'importance et l'impact des biais liés au poids dans notre société, et de comprendre pourquoi et comment développer un discours plus inclusif. En terminant, des outils concrets afin de développer et de maintenir une saine relation à son corps seront proposés.

Ce livre se veut un outil de réflexion et d'intervention, qui s'adresse à soi, mais aussi aux autres. Les parents et grands-parents, les professionnelles et professionnels, le personnel enseignant et membres du public en général bénéficieront de ce livre qui permet de promouvoir une image corporelle saine et diversifiée, et offre des moyens d'améliorer la relation avec son corps.

CHAPITRE 1
COMMENT L'INSATISFACTION CORPORELLE SE DÉVELOPPE-T-ELLE ?

Révisé par D^re Annie Aimé[1], psychologue et chercheuse

---

1. D^re Annie Aimé est professeure-chercheuse au département de psychoéducation et de psychologie de l'Université du Québec en Outaouais (UQO), psychologue et cofondatrice de la clinique Imavi. Ses travaux de recherche portent principalement sur l'image corporelle, l'alimentation et les troubles des conduites alimentaires, ainsi que sur la stigmatisation et l'intimidation en lien avec le poids.

L'image corporelle se développe au fur et à mesure que l'on vieillit et elle peut changer à travers le temps. On ne naît donc pas avec une image corporelle positive ou négative. Plusieurs facteurs contribuent à son développement, et c'est leur interaction qui détermine l'évaluation qu'une personne fait de son corps (« j'aime mon corps, je me sens bien dans mon corps » ou « je n'aime pas mon corps, j'aimerais modifier certaines parties de mon corps ») ainsi que l'investissement dont elle fait preuve pour contrer une possible évaluation négative (le temps passé à modifier son apparence, la place que prennent les pensées liées à l'apparence ou au poids et les émotions ressenties). Plus précisément, les particularités physiques, les facteurs psychologiques individuels, les expériences interpersonnelles et la socialisation représentent les facteurs contributifs au développement de l'insatisfaction corporelle, comme l'illustre la figure 1.1 (Cash et Smolak, 2011).

Figure 1.1 **Facteurs déterminants dans le développement de l'insatisfaction corporelle**

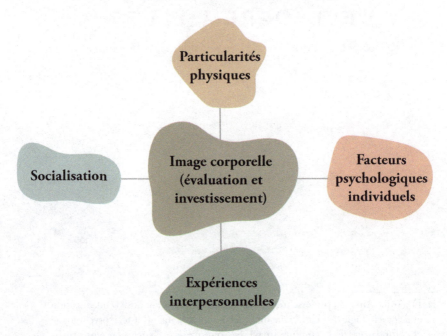

Particularités physiques

Tableau 1.1   Particularités physiques déterminantes dans le développement de l'insatisfaction corporelle

Particularités physiques			
Genre	Âge	Puberté	Poids

Comme le démontre le tableau 1.1, le genre, l'âge, le moment de la puberté et le poids sont les quatre particularités physiques qui influencent le développement de l'insatisfaction corporelle. Nous savons maintenant que les filles sont plus à risque de souffrir d'insatisfaction corporelle, mais qu'une proportion importante de garçons peut aussi être insatisfaite de son corps. Toutefois, l'insatisfaction se vit différemment selon le genre : tandis que les filles tendent à désirer un corps plus mince, en forme et élancé, les garçons désirent plutôt un corps plus musclé et plus costaud.

> Plusieurs facteurs contribuent à son développement, et c'est leur interaction qui détermine l'évaluation qu'une personne fait de son corps ainsi que l'investissement dont elle fait preuve pour contrer une possible évaluation négative.

Chez les enfants, c'est généralement de leur silhouette ou de caractéristiques physiques comme la couleur de la peau ou de leurs cheveux dont ils sont insatisfaits, et ce, dès l'âge de 5 ans. C'est en vieillissant que le poids devient de plus en plus important chez les jeunes. Cependant, on sait que dès l'âge de 3 ans, les enfants attribuent des qualificatifs négatifs aux personnes en surpoids, ce qui mène à penser que certaines bases de l'image corporelle sont déjà en place bien avant 5 ans (Damiano *et al.*, 2015). Ensuite, avec l'entrée à l'école primaire qui apporte une plus grande socialisation, les enfants sont exposés à davantage de possibilités de se comparer, ce qui semble accentuer l'insatisfaction corporelle. Cette dernière semble augmenter plus l'enfant vieilli, jusqu'à atteindre son apogée à l'adolescence. À cet âge, la puberté joue un grand rôle dans le développement de l'image corporelle à cause des nombreux changements qu'elle provoque. Lors de cette période de vie déterminante, les filles et les garçons doivent s'adapter à une nouvelle image de leur corps. Chez les premières, les changements augmentent généralement l'écart entre leur corps et le modèle de beauté véhiculé (accumulation de gras, pilosité, acné). Plus la puberté est précoce, plus grand est le risque de développer de l'insatisfaction. Chez les deuxièmes, c'est la puberté tardive qui peut provoquer de l'insatisfaction, comme elle amène des changements qui diminuent plutôt l'écart entre le corps réel et le modèle de beauté (augmentation de la masse musculaire, pilosité). Pour cette raison, les garçons vivent habituellement mieux la puberté que les filles (McCabe et al., 2002).

Le surpoids représente aussi un facteur de risque important. En effet, la présence d'un poids au-dessus de ce qui est considéré comme la norme augmente le risque de développer une insatisfaction corporelle, et ce, chez les personnes de tous genres. Cela peut s'expliquer par un écart entre le corps réel et les normes de beauté et de minceur socialement valorisées, ou encore par la présence des biais négatifs liés au poids (Diedrichs et Puhl, 2016).

Facteurs psychologiques individuels

Tableau 1.2   **Facteurs psychologiques individuels déterminants dans l'insatisfaction corporelle**

Facteurs psychologiques individuels	Conformisme
	Tendance à se comparer
	Forte internalisation de l'idéal de beauté
	Perfectionnisme
	Faible estime de soi

Les recherches montrent que certaines caractéristiques psychologiques sont associées à un plus grand risque de développer de l'insatisfaction corporelle. Parmi les caractéristiques à considérer, on retrouve le conformisme, la tendance à se comparer, la forte internalisation de l'idéal de beauté, le perfectionnisme et la faible estime de soi (Nichols *et al.*, 2018; Paraskeva et Diedrichs, 2020), tel que le démontre le tableau 1.2. Bien que ces facteurs puissent avoir des effets sur l'image corporelle dès la petite enfance, leur risque relatif varie selon la période développementale, ce qui veut dire qu'il n'est pas le même pendant l'enfance, l'adolescence ou l'âge adulte.

> Les recherches montrent que certaines caractéristiques psychologiques sont associées à un plus grand risque de développer de l'insatisfaction corporelle.

Le conformisme, la tendance à se soumettre et à obéir aux normes, pousse la personne à suivre les courants, à vouloir ressembler aux modèles présentés. Il contribue à l'insatisfaction dans la soumission de cette personne aux normes de beauté et rend difficile la capacité à nuancer et à critiquer l'importance des standards. Ainsi, la personne s'assujettit à ces normes sans se questionner à savoir si elles correspondent à ses besoins et sans remettre en question le modèle unique irréaliste. Le conformisme prive en quelque sorte la personne de son individualité qui lui permettrait, au contraire, de respecter et d'accepter ses propres attributs physiques.

La tendance à se comparer piège la personne dans une comparaison sociale de laquelle elle sort généralement perdante, parce que cette tendance pousse naturellement la personne à se comparer aux personnes qui possèdent plus fortement un attribut qu'elle souhaiterait elle aussi avoir. Elle aura ainsi tendance à se comparer régulièrement, à conclure que son corps ne correspond pas à son idéal et à demeurer insatisfaite.

L'internalisation des idéaux de beauté est le processus qui se produit lorsque la personne intègre les normes liées à l'idéal de beauté et qu'elle développe des attitudes et des comportements en concordance avec celles-ci. La personne pourra alors chercher à atteindre cet idéal par des comportements de contrôle du poids et de l'apparence et poursuivre cette quête afin que son corps corresponde à son idéal.

Le perfectionnisme est la tendance excessive à rechercher la perfection et à rejeter toute forme d'imperfection. Il consiste en des exigences personnelles élevées, un désir de performance et une rigidité qui peut contribuer à une quête interminable vers le corps « parfait ». En effet, il semble que la personne qui utilise des critères personnels perfectionnistes a davantage tendance à appliquer ces critères à son corps et à être fortement préoccupée des imperfections perçues. Ainsi, le perfectionnisme maintient la personne dans l'insatisfaction en l'amenant à miser continuellement sur des aspects à améliorer, et est nourri par les standards irréalistes et inatteignables de l'idéal de beauté, une forte autocritique, des préoccupations excessives face à la désapprobation d'autrui et une perception de pressions provenant de l'environnement à atteindre un certain standard.

La faible estime de soi, cette autoévaluation globale négative, amène la personne à se juger négativement sur un ensemble de facettes, dont son poids, sa silhouette et son apparence. La faible estime de soi influence alors aussi négativement le développement de l'image corporelle en augmentant la vulnérabilité de la personne à internaliser les idéaux de beauté ainsi qu'en l'amenant à se comparer davantage (Durkin *et al.*, 2007) et donc, à développer davantage d'insatisfaction corporelle.

Expériences interpersonnelles

Tableau 1.3 Expériences interpersonnelles déterminantes dans le développement de l'insatisfaction corporelle

Personnes significatives
Leur propre image corporelle
Leurs comportements alimentaires
Commentaires sur leur propre poids
Pression exercée sur l'enfant pour être mince
Comportements restrictifs instaurés à la maison
Comparaison avec la fratrie
Commentaires sur le poids ou sur l'apparence des autres

Groupe de pairs
Normes par rapport au poids et à l'apparence et leur degré d'acceptation
Conversations axées sur le poids et l'apparence
Croyances maintenues sur le poids et l'apparence
Intimidation et comportements discriminatoires en lien avec le poids

Étrangers
Intimidation et comportements discriminatoires en lien avec le poids

Lors de l'enfance et l'adolescence, certaines personnes jouent un rôle important dans le développement de l'image corporelle. En effet, à travers différentes expériences, toutes les personnes significatives (comme les parents, grands-parents et éducatrices) peuvent devenir de bons alliés, tout comme fragiliser l'enfant ou l'adolescent.e (Rodgers et Chabrol, 2009), comme le démontre le tableau 1.3.

Tout d'abord, leur propre image corporelle, leurs comportements alimentaires et les commentaires qu'elles font sur leur poids modélisent les comportements à adopter pour le jeune (Ericksen *et al.*, 2003). En émettant des commentaires ou en faisant preuve de nombreux comportements témoignant de l'importance de l'apparence pour elles, elles apprennent au jeune que son corps est un **objet** qui doit correspondre le plus possible aux normes sociales et qu'on peut le modifier. Elles peuvent également lui enseigner que le poids peut être contrôlé par des facteurs externes (par exemple, en adoptant des comportements de contrôle alimentaire ou par de l'activité physique).

> **Théorie de l'objectification du corps**
>
> L'objectification du corps a lieu lorsque le corps et ses parties sont perçus comme des objets, réduits au simple statut d'instrument ayant comme seule fonction de représenter la personne. Le corps est en quelque sorte perçu comme extérieur à la personne. L'objectification du corps peut contribuer à augmenter les préoccupations corporelles chez la personne qui développera des comportements afin de surveiller et de modifier son apparence et son poids, dans le but de contrôler le regard que les autres portent sur elle (Schaefer et Thompson, 2018).

Ensuite s'ajoutent les commentaires et les actions qui visent directement les jeunes, comme une pression pour être mince, la mise en place de comportements alimentaires restrictifs à la maison pour perdre du poids, des commentaires exprimés directement sur le poids des jeunes ou celui d'autres personnes (Blodgett Salafia et Gondoli, 2011) et le fait de les comparer avec la fratrie. Toutes ces expériences envoient le même message : ton poids et/ou ton corps n'est pas adéquat et doit correspondre à un certain standard, que ce soit pour être heureux, en santé, ou être digne de l'amour de soi ou de l'autre. Qui plus est, le message véhiculé est que le corps et le poids *peuvent* être modifiés si on s'y applique correctement ou suffisamment (tableau 1.3).

Les échanges et expériences au sein de groupes de pairs ainsi que ceux vécus de la part d'étrangers peuvent aussi augmenter la vulnérabilité d'une personne face à son image corporelle. En effet, les normes du groupe d'appartenance par rapport aux préoccupations corporelles et leur degré d'acceptation face à ces préoccupations dictent le mode de fonctionnement du groupe. La présence de conversations portant sur le poids ou l'apparence, les croyances maintenues au sein du groupe quant au lien entre le poids et la santé, la réussite ou le bonheur, et toutes les expériences d'intimidation, de discrimination et de stigmatisation au sein du groupe ou de la part d'étrangers (Blodgett Salafia et Gondoli, 2011) sont des expériences interpersonnelles associées au développement et au maintien d'insatisfactions corporelles (tableau 1.3).

L'importance des conversations orientées sur le poids et l'apparence

Il peut être tentant d'exprimer des compliments sur l'apparence de quelqu'un, comme un commentaire sur son habillement, son visage, son poids. Ou encore, émettre des commentaires négatifs ou désobligeants face à l'apparence modifiée d'une célébrité ou d'une personnalité publique. En effet, le poids et l'apparence sont des thèmes très présents dans les conversations, que ce soit entre amis, au sein de la famille, et même entre étrangers. Toutefois, les recherches ont démontré que ce genre de commentaire, qu'il soit positif ou négatif, déclenche des effets néfastes qui se répercutent autant sur la personne qui reçoit les commentaires que sur les personnes qui les expriment, et même sur celles qui en sont témoins. Qui plus est, il semble qu'entretenir ce type d'échange maintient la préoccupation collective sur le poids et l'apparence (Mills et Fuller-Tyszkiewicz, 2016).

> Les recherches ont démontré que ce genre de commentaire, qu'il soit positif ou négatif, déclenche des effets néfastes qui se répercutent autant sur la personne qui reçoit les commentaires que sur les personnes qui les expriment, et même sur celles qui en sont témoins.

Initiative québécoise

En 2012, l'organisme ÉquiLibre, spécialisé dans les problèmes d'image corporelle et de poids, s'inspire de la « Fat Talk Free ® Week », une semaine de sensibilisation aux États-Unis, en organisant la semaine « Le poids ? Sans commentaire ! ». Cette semaine « a lieu chaque année en novembre et a pour but de sensibiliser l'ensemble de la population, notamment les adolescents, à l'omniprésence et aux conséquences négatives des commentaires sur le poids et l'apparence physique ».[1]

---

1. https://equilibre.ca/campagne/la-semaine-le-poids-sans-commentaire/

Socialisation

La socialisation est un processus d'intégration et d'intériorisation de normes, de valeurs et de comportements sociaux qui contribue à la construction de son identité. C'est un processus d'adaptation nécessaire et inéluctable par lequel passe tout être humain. La comparaison sociale contribue à la socialisation, laquelle est aussi influencée par l'exposition aux différents médias et débute très tôt dans l'enfance.

La socialisation dicte les normes de beauté depuis des années à travers les médias, les films et même certains jouets. En effet, les médias sont de puissants vecteurs d'information. Ils véhiculent une très forte valorisation de la minceur et de la jeunesse et suggèrent qu'il faut être mince et rester jeune pour être heureux et réussir. Qui plus est, ils proposent des modèles de comparaison inaccessibles. Moins de 5 % des femmes ont naturellement le modèle proposé (Stice *et al.*, 1994). L'écart entre la taille du corps de la femme moyenne et l'idéal proposé est très élevé. Néanmoins, cet idéal est accepté et intériorisé par plusieurs, et ce, même s'il est impossible d'y accéder, et même si l'image corporelle s'en voit négativement affectée. En effet, plus l'écart entre la perception de son corps et celui souhaité est grand, plus l'insatisfaction corporelle est élevée, comme le démontre la figure 1.2.

Figure 1.2 Écart entre l'image corporelle et le corps souhaité

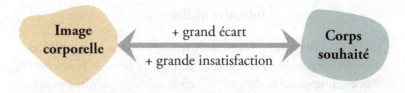

Malheureusement, nous sommes largement exposés à ces images, ce qui contribue au développement de l'idéal de beauté perçu. On estime à 3 000 le nombre de publicités auxquelles nous sommes confrontés chaque jour, tous médias confondus (HabiloMédias, 2021). De plus, la théorie du développement cognitif nous apprend que les enfants de moins de 12 ans ont de la difficulté à comprendre que ces modèles soient retouchés et qu'ils représentent un exemple inatteignable, car leur développement cognitif limite la compréhension de ces concepts abstraits. Chez cette clientèle, l'exposition aux médias contribue au développement d'un idéal de beauté irréaliste, et plus l'exposition est prolongée, plus elle y contribue (Paraskeva et Diedrichs, 2020).

Médias sociaux centrés sur l'apparence

Depuis quelques années, les liens entre les préoccupations corporelles, la comparaison sociale et les médias sociaux centrés sur l'apparence sont très bien établis. Dès 1994, avant même l'arrivée des médias sociaux, on démontrait que seulement 3 minutes d'exposition à des modèles de beauté dans des magazines augmentaient les sentiments de dépression, de honte, de culpabilité, d'insécurité, de stress et d'insatisfaction corporelle (Stice *et al.*, 1994). Plus récemment, une revue systématique a compilé une vingtaine d'études ayant démontré une association entre l'utilisation de réseaux sociaux et une augmentation de l'insatisfaction corporelle, une plus grande comparaison sociale, une humeur plus négative, une internalisation de l'idéal de minceur et une augmentation des comportements de surveillance corporelle (Holland et Tiggemann, 2016).

En même temps, lorsqu'on propose des images plus réalistes du corps de la femme, les effets sur l'humeur et l'image corporelle sont moins négatifs (Tiggemann *et al.*, 2020). Dans le même ordre d'idée, la publicité «Évolution» de Dove a été utilisée afin de sensibiliser le public sur les retouches et modifications appliquées sur une image

> On gagnerait à ce que les relations sociales et les activités physiques en groupe prennent plus d'espace dans les interactions, au détriment des médias, qu'ils soient sociaux ou de masse.

représentant un modèle de beauté, et on a pu découvrir qu'elle avait effectivement un impact positif sur le groupe expérimental (Quigg et Want, 2011). On en déduit que lorsque les femmes prennent conscience du processus sous-jacent derrière l'image finale exposée, la comparaison, de même que les impacts négatifs sur l'image corporelle, peuvent diminuer.

On retient que les médias pourraient être utilisés à meilleur escient pour diminuer les impacts négatifs sur l'image corporelle, mais qu'il serait tout de même préférable de réduire la consommation de médias et de développer des intérêts axés vers d'autres domaines. En effet, on gagnerait à ce que les relations sociales et les activités physiques en groupe prennent plus d'espace dans les interactions, au détriment des médias, qu'ils soient sociaux ou de masse.

> **Ce que nous apprend l'arrivée de la télévision aux îles Fidji**
>
> Avant l'arrivée de la télévision dans une communauté des îles Fidji, l'idéal de beauté de cette population était très différent d'aujourd'hui. En effet, il était plutôt représenté par un corps enveloppé représentant la maternité. « Tu as pris du poids » correspondait à un compliment, et on pouvait régulièrement entendre le commentaire « mange, pour devenir gras ». Cette communauté valorisait le fait d'avoir un « appétit et un corps robuste » (Becker, 2004) et encourageait la consommation d'aliments riches en calories.
>
> En 1995, cette communauté rurale a connu plusieurs changements rapides, dont l'arrivée de la télévision. La recherche conduite par Anne Becker (2004) a été déterminante afin d'étudier le lien entre les médias, les insatisfactions corporelles et les comportements alimentaires problématiques des adolescentes de ces îles. Seulement trois ans après l'arrivée de la télévision, les résultats ont soulevé un changement dans le paradigme de beauté : la beauté était maintenant associée à la minceur. Les adolescentes ont rapporté avoir « compris » que leur corps pouvait être modifié et qu'elles pouvaient en avoir le contrôle à travers certains comportements. L'insatisfaction corporelle avait grimpé en flèche, de même que l'apparition de comportements alimentaires problématiques, jusqu'à l'apparition de troubles des conduites alimentaires (TCA). En effet, la recherche a conclu que les adolescentes des familles qui avaient été exposées aux médias par le biais de la télévision avaient trois fois plus de risques de présenter un TCA.

L'idéal de beauté d'ici et d'ailleurs, de maintenant et d'avant

L'idéal de beauté que l'on connaît aujourd'hui n'a pas toujours été ainsi. Il a déjà été représenté par des courbes plus prononcées et par un corps plus large et plus fort chez les femmes. L'idéal de beauté diffère aussi selon les pays. Ailleurs, l'idéal peut être représenté par un teint de peau plus pâle, des traits faciaux enfantins, une chevelure plus volumineuse, un cou allongé, une plus petite poitrine et de fortes hanches, jusqu'au poids plus élevé. En effet, dans certains pays d'Afrique, l'idéal de beauté est défini par un poids plus élevé, ce qu'on peut comprendre comme étant un contraste à la malnutrition qui y sévit. On cherche donc à prendre du poids, jusqu'à utiliser le gavage ou la consommation de médicaments visant à augmenter la masse grasse des bovins. Des études expliquent que les insatisfactions sont courantes, et ce, pour toute origine. Bien que les préoccupations puissent différer, dès que nous sommes en présence de normes de beauté, on observe chez les femmes un désir de s'y conformer, ce qui les place à risque d'insatisfaction corporelle. (Grabe et Hyde, 2006).

> Dès que nous sommes en présence de normes de beauté, on observe chez les femmes un désir de s'y conformer, ce qui les place à risque d'insatisfaction corporelle.

Retracer son historique de développement

Une des premières étapes lorsque l'on veut améliorer son image corporelle est de se questionner sur le développement de celle-ci. Ainsi, il peut être utile de prendre quelques minutes pour réfléchir à la trajectoire développementale de son image corporelle. Quels facteurs ont eu un impact ? De quelles façons ? Quelles expériences ont été marquantes ?

En bref

- L'insatisfaction corporelle se développe à la suite de l'interaction de 4 facteurs : les caractéristiques physiques, les facteurs psychologiques individuels, les expériences interpersonnelles et la socialisation ;
- Le genre féminin est associé à un plus grand risque d'insatisfaction corporelle. Bien que les hommes vivent eux aussi des insatisfactions en lien avec leur corps, celles-ci diffèrent de celles des femmes ;
- Les normes de beauté ne sont pas statiques et peuvent varier selon le pays d'appartenance. Quelles qu'elles soient, dès qu'elles existent, elles déclenchent chez les femmes un désir de s'y conformer et les placent à risque d'insatisfaction corporelle ;
- Les médias sont d'importants vecteurs de l'idéal de beauté. Les normes de beauté influencent notre conception de la beauté, déclenchent des comparaisons sociales qui elles, sont une des sources d'insatisfaction corporelle.

CHAPITRE 2
QUI PRÉSENTE DE L'INSATISFACTION CORPORELLE ?

Saviez-vous que la majorité de la population rapporte une certaine forme d'insatisfaction corporelle ? De façon générale, on apprend que celle-ci tend à augmenter avec l'âge, atteignant son apogée au début de l'adolescence (Lunde *et al.*, 2007), pour ensuite demeurer stable tout au long de la vie. Il semblerait aussi que le taux de personnes insatisfaites de leur corps augmente depuis les dernières années.

Enfants

Chez les enfants aussi jeunes que 4 ans, on observe l'apparition d'insatisfaction corporelle. Le désir d'avoir un corps plus mince est exprimé chez les filles et le désir d'avoir un corps plus costaud se manifeste chez les garçons. Ces derniers souhaitent généralement être plus forts et devenir plus imposants, sans nécessairement vouloir prendre du poids (Lawrie *et al.*, 2007 ; Lowes et Tiggemann, 2003). Dans ce groupe d'âge, les enfants connaissent les comportements alimentaires restrictifs et certains les pratiquent même dans le but de contrôler leur poids et d'atteindre leur idéal corporel, ou les recommandent comme solution à une personne qui a pris du poids (Lowes et Tiggermann, 2003). Une étude québécoise a démontré que chez les enfants de 9 ans, le taux d'insatisfaction semble augmenter à 45 % et à cet âge, le tiers des filles et le quart des garçons auraient tenté de perdre du poids en adoptant un comportement alimentaire problématique (Ledoux *et al.*, 2002). Plus récemment, Dion et ses collaborateurs (2016) ont observé une insatisfaction liée à la forme corporelle chez 57,7 % des filles et 57 % des garçons francophones du Québec âgés de 9 à 14 ans.

> Chez les enfants aussi jeunes que 4 ans, on observe l'apparition d'insatisfaction corporelle.

Adolescents

L'adolescence est une période charnière dans le développement. La puberté ainsi que la quête d'identité demandent au jeune de s'adapter aux changements corporels et de trouver sa place en tant que personne autonome et indépendante, principalement à l'aide de ses groupes d'appartenance. Les relations amoureuses, les expériences sexuelles, la comparaison sociale, tout comme les expériences traumatiques comme les agressions à caractère sexuel ou l'intimidation, sont d'importants facteurs de stress qui peuvent ainsi se répercuter sur l'image corporelle à l'adolescence.

La deuxième édition de l'Enquête québécoise sur la santé des jeunes du secondaire 2016-2017 (Traoré *et al.*, 2018) a permis de sonder 62 000 jeunes provenant de 16 régions sociosanitaires. On y apprend qu'environ 55 % des jeunes sont insatisfaits de leur apparence, ce qui représente une hausse d'environ 5 % avec la version précédente de l'étude conduite en 2010-2011. Cette insatisfaction se présente davantage chez les filles que chez les garçons (respectivement 57 % et 54 %), quoique la différence au niveau du genre ne semble pas significative. C'est en ce qui concerne le type d'insatisfaction que se dresse une différence : 46 % des filles désirent être plus minces (contre 27 % des garçons), tandis que 27 % des garçons veulent développer une silhouette plus forte (contre 11 % des filles). En effet, ce sont les filles, plus que les garçons, qui désirent perdre ou maintenir leur poids, alors que les garçons souhaitent plutôt en gagner (ou ne rien faire). L'insatisfaction corporelle, tout comme le désir d'être plus mince, semble augmenter à travers les années chez les filles. En effet, l'insatisfaction passe de 49 % en 1re année du secondaire à 61 % en 5e secondaire. Parallèlement, le désir d'être plus mince passe de 39 % à 52 %. Chez les garçons, c'est le désir d'une silhouette plus forte qui augmente : 26 % en 1re année du secondaire à 31 % en 5e secondaire.

« La réelle vérité à propos de la beauté », cette étude mondiale menée par Dove (2020) tenue auprès de filles et de femmes âgées de 10 à 64 ans, révèle que « seulement 11 % des jeunes filles sont à l'aise de se dire "belles" », et 72 % « ressentent une énorme pression pour être belles ».

Adultes

L'insatisfaction corporelle semble se maintenir à travers le temps (Tiggeman et Lynch, 2001). En effet, on observe que les femmes comme les hommes adultes rapportent de l'insatisfaction corporelle. De plus, comme observé à l'enfance et à l'adolescence, ce sont les femmes qui rapportent davantage d'insatisfaction corporelle que les hommes, tout comme les personnes présentant une obésité rapportent plus d'insatisfaction que les personnes dont le poids est dans la norme attendue de la société (Weinberger *et al.*, 2016). Une différence majeure sur le plan de l'image corporelle chez les adultes non observée à l'enfance ou à l'adolescence réside dans l'importance accordée à l'apparence qui elle, semble diminuer avec le temps. On en comprend que les adultes demeurent insatisfaits, mais y accordent moins d'importance (McCabe et Ricciardelli, 2004 ; Tiggemann et Lynch, 2001). De même, on observe une augmentation de l'image corporelle positive avec l'âge, où les adultes semblent apprécier davantage de leur corps, et accepter davantage les imperfections perçues. L'importance semble plutôt déplacée sur la fonctionnalité du corps (ce que leur corps leur permet de faire) et l'état de santé général (Tiggemann et McCourt, 2013).

La prévalence de l'insatisfaction corporelle chez les adultes varie énormément selon les recherches américaines : de 11 % à 72 % chez les femmes adultes et de 8 % à 61 % chez les hommes adultes (Fiske *et al.*, 2014). En 2008, un sondage Ipsos-Reid pour le compte des Producteurs laitiers du Canada a publié ses résultats de recherche concernant près de 3 000 femmes canadiennes. Encore aujourd'hui, ce sondage est le plus important réalisé concernant l'image corporelle des femmes au Canada. On y apprenait que 80 % des femmes voulaient perdre du poids et que 56 % se trouvaient grosses. 56 % des femmes ayant un poids considéré dans la norme et 30 % des femmes qui étaient en sous-poids désiraient tout de même perdre du poids. Au Québec, c'est 73 % des femmes qui souhaiteraient perdre du poids et 22 % qui rapportent que la gestion de leur poids domine leur vie (Association Pour la Santé Publique du Québec [ASPQ], 2010). Moins de recherches portent sur la clientèle masculine. Toutefois, on observe tout de même une augmentation de l'insatisfaction corporelle chez les hommes qui rapportent de plus en plus vouloir perdre du poids (McCabe et Ricciardelli, 2004). Vers le milieu des années 90, 45 % des hommes avaient déjà rapporté être insatisfaits de leur masse musculaire (Thompson *et al.*, 1999). Plus récemment, une étude a soulevé que 90 % des hommes avaient indiqué vouloir une musculature plus développée et que 38 % désiraient avoir moins de gras corporel (Frederick *et al.*, 2007).

Clientèle consultant en chirurgie esthétique

Selon la Société internationale de chirurgie esthétique et plastique (2020), la chirurgie esthétique, qui regroupe la médecine esthétique, la chirurgie plastique et les interventions esthétiques, continue d'augmenter partout dans le monde. En effet, en 2019, la Société observait une hausse de 7,4 % (cette hausse était de 5,4 % en 2018). Les femmes représentent 87,4 % de la clientèle, et celles qui ont eu une chirurgie des seins pour des raisons esthétiques présentent un taux de suicide 73 % plus élevé que celui de la population en général. En 2000, aux États-Unis, on rapportait que 145 000 jeunes de moins de 18 ans avaient subi une intervention chirurgicale esthétique. On rapporte que ce phénomène s'observe maintenant au Québec (Réseau québécois d'action pour la santé des femmes [RQASF], 2011).

Les besoins comblés par la chirurgie esthétique sont nombreux et différent selon les personnes qui y ont recours. Cela dit, une constante semble présente, soit celle d'être insatisfait d'une certaine partie de son corps. La chirurgie esthétique est le moyen primé pour contrer cette insatisfaction, comme elle offre de modifier la partie corporelle visée.

L'industrie de la chirurgie esthétique offre à ses clients une forme de perfection et profite, d'une part, de la vulnérabilité causée par les insatisfactions corporelles, et d'autre part de l'écart entre l'idéal de beauté et la réalité. En effet, les recherches ont démontré que les jeunes filles étaient particulièrement vulnérables face à l'illusion de contrôle de leur corps (Becker, 2004). Qui plus est, jusqu'à 54 % de la clientèle faisant appel à la chirurgie esthétique présenterait une obsession d'une dysmorphie corporelle, un trouble lié à l'image corporelle (voir chapitre 3) (Crerand *et al.*, 2017). Pourtant, l'objectif de la chirurgie esthétique ne permet, ni ne vise, d'accepter son corps avec toutes ses imperfections, au contraire. L'utilisation de la chirurgie esthétique permet rarement de diminuer considérablement et de façon stable l'insatisfaction, comme elle ne traite pas les causes sous-jacentes à l'insatisfaction corporelle. De plus, les résultats peuvent ne pas offrir le résultat souhaité, ou alors l'offrir pour un temps limité, ce qui peut amener la personne à devoir recourir à la chirurgie à répétition.

On observe aussi que les personnes ayant eu recours à une chirurgie peuvent développer d'autres besoins esthétiques et avoir recours à des chirurgies ou interventions esthétiques supplémentaires.

> L'utilisation de la chirurgie esthétique permet rarement de diminuer considérablement et de façon stable l'insatisfaction, comme elle ne traite pas les causes sous-jacentes à l'insatisfaction corporelle.

Les chirurgies les plus populaires sont l'augmentation mammaire, la liposuccion, la chirurgie des paupières, l'abdominoplastie et la rhinoplastie (la plus courante chez les 18 ans et moins). L'injection de toxine botulinique (Botox), une intervention esthétique, supplante toutes les chirurgies, autant chez les hommes que chez les femmes. On en comprend que le recours à ces chirurgies esthétiques, toutes catégories confondues, est étroitement lié au besoin d'atteindre l'idéal de beauté : paraître plus mince, plus plantureuse, plus jeune.

Minorité sexuelle et de genre

L'idéal de beauté véhiculé est très restrictif sur le genre et propose des critères catégorisés. Un idéal binaire, qui peut être vécu très difficilement par tous, mais surtout par les personnes ne s'identifiant pas de cette façon. Moins d'études sur l'image corporelle portent sur les groupes issus de ces minorités. Tout de même, les préoccupations liées à l'image corporelle semblent au premier plan des inquiétudes en santé mentale chez 61,4 % à 73 % des personnes issues de minorités sexuelles ou de genres (elles surpassent entre autres, l'anxiété, la solitude, la dépression et les idées suicidaires) (Chaire de recherche sur l'homophobie UQAM, 2014 ; Lépine *et al.*, 2017). Quant à l'orientation sexuelle, les hommes homosexuels rapportent davantage de préoccupations liées à la minceur que les hommes hétérosexuels (McCreary *et al.*, 2007). Chez les femmes, l'inverse est plutôt observé. En effet, il semble que l'homosexualité soit associée à une image corporelle positive plus grande pour cette population (Dotan *et al.*, 2021).

Dépister et évaluer les problèmes d'image corporelle

L'insatisfaction corporelle peut être difficile à dépister chez certaines personnes, notamment chez les garçons et les hommes, qui peuvent percevoir cette difficulté comme un problème uniquement féminin. Ainsi, ils peuvent avoir du mal à dévoiler un enjeu lié à leur image ou même nier une difficulté ou des comportements plus problématiques. De même, chez certaines populations, les critiques corporelles peuvent être normalisées et le contrôle du poids et de l'apparence, encouragé, comme on l'observe dans le milieu du sport esthétique (le milieu de la danse, la gymnastique, la natation ou le patinage). Observer certains commentaires, comportements ou attitudes favorise un dépistage adéquat des problèmes d'image corporelle.

Comment reconnaître une personne qui présente de l'insatisfaction corporelle

- La personne émet des commentaires négatifs ou des critiques sur son corps ;
- La personne peut se plaindre d'une prise de poids ;
- La personne semble préoccupée par son poids ou son apparence ;
- La personne parle de méthodes ou de produits visant la perte de poids et peut encourager leur utilisation ;
- La personne se pèse régulièrement, se mesure ou se regarde constamment devant le miroir ;
- La personne ressent des émotions désagréables face à son corps ;
- La personne peut éviter certaines activités ou éviter de porter certains vêtements à cause de son poids ou de son apparence ;
- La personne développe un programme d'exercices qui semble excessif ou rigide ;
- La personne modifie son alimentation dans le but de contrôler son poids ;
- La personne peut avoir tendance à s'isoler et à afficher une humeur plus triste.

Les professionnelles et professionnels se doivent de bien évaluer les différents aspects de l'image corporelle afin d'offrir un traitement adéquat, et ce, pour toutes les populations. Afin de les outiller, plusieurs méthodes ont été élaborées, dont les échelles d'évaluation de la silhouette (*Figure Rating Scale*) et les questionnaires.

Les échelles d'évaluation de la silhouette sont les mesures les plus fréquemment adoptées pour évaluer spécifiquement l'insatisfaction à l'égard de la taille du corps, un des aspects de l'insatisfaction corporelle. Elles permettent d'observer l'écart entre la silhouette perçue de celle souhaitée. Ces échelles proposent de sept à dix-huit silhouettes illustrées, classées selon le genre, et variant de tailles de corps très minces à très larges. En observant les silhouettes, la personne évaluée doit identifier à laquelle elle pense correspondre et à laquelle elle aimerait correspondre. Ce type d'évaluation permet d'ouvrir le dialogue sur l'écart entre les deux silhouettes ainsi que sur l'impact de l'idéal de beauté sur l'image corporelle. Compte tenu de la grande variété d'échelles disponibles, il est important que les professionnelles et professionnels choisissent la plus appropriée suivant l'âge des personnes évaluées, leur genre, ainsi que les propriétés psychométriques. On recommande de prioriser les échelles élaborées, standardisées et fidélisées spécifiquement pour le groupe d'âge visé, de préférence offrant des silhouettes sans vêtements ni détails physiques (Gardner et Brown, 2010).

> Compte tenu de la grande variété d'échelles disponibles, il est important que les professionnelles et professionnels choisissent la plus appropriée suivant l'âge des personnes évaluées, leur genre, ainsi que les propriétés psychométriques.

Plusieurs questionnaires permettent d'évaluer les différentes sphères de l'image corporelle, comme la satisfaction de son image, l'insatisfaction spécifique à certaines parties du corps, le degré de préoccupations corporelles, les conséquences des insatisfactions sur le fonctionnement global de la personne ou encore la présence de comportements de contrôle du poids ou de l'apparence. Parmi toutes les évaluations pertinentes, celles de Thomas Cash, une sommité internationale en matière d'image corporelle, sont très connues. Dans son livre *Body Image Workbook* (2008) qui s'adresse directement au grand public, il propose plusieurs évaluations afin de dresser un profil individuel complet de l'image corporelle. Ce profil regroupe six questionnaires évaluant les parties du corps desquelles la personne est insatisfaite, les distorsions cognitives liées à l'apparence, l'importance accordée à celle-ci, la détresse que suscite l'insatisfaction corporelle, les comportements de contrôle du poids et de l'apparence et l'impact de l'image corporelle sur la qualité de vie de la personne. Les questionnaires sont en mode autorapporté et se compilent manuellement. Les résultats proposent trois zones : une zone d'acceptation corporelle, une zone à risque ainsi qu'une zone problématique. Les évaluations sont validées pour une population adulte.

En bref

- Les racines de l'insatisfaction corporelle semblent être en place dès l'âge de 4 ans, mais c'est la période de l'adolescence qui semble la plus propice au développement d'insatisfaction corporelle ;
- Le taux de personnes insatisfaites de leur corps semble augmenter depuis les dernières années et les femmes sont les plus touchées ;
- L'insatisfaction corporelle tend à demeurer stable toute la vie durant, mais l'importance accordée à l'apparence semble diminuer à l'âge adulte ;
- Les hommes et les groupes de minorités sexuelles et de genre sont aussi touchés par l'insatisfaction corporelle, bien qu'ils représentent des groupes pour lesquels il existe moins d'études empiriques.

CHAPITRE 3
EST-IL NORMAL DE NE PAS AIMER SON CORPS ?

Il est rare qu'une personne aime son corps à 100 %, tous les jours, et il est tout à fait normal d'être insatisfait de certaines ou de plusieurs parties de son corps. On parle même d'insatisfaction normative pour expliquer le fait que la majeure partie de la population (la norme) n'aime pas son corps. On doit se rappeler que la société demeure très préoccupée par le poids et l'apparence, se montre très intolérante face au surpoids et normalise beaucoup de comportements de surveillance corporelle et de contrôle du poids. Il devient alors important de se questionner sur l'impact de l'insatisfaction sur l'humeur, les perceptions, les comportements et les relations qu'entretient la personne. À partir du moment où l'insatisfaction affecte le fonctionnement et s'accompagne d'une détresse significative, il est possible qu'elle soit plutôt une préoccupation excessive ou encore une obsession corporelle (figure 3.1).

Figure 3.1   Degrés d'insatisfactions corporelles

Insatisfaction corporelle

> Avec de légères insatisfactions corporelles, d'autres parties du corps peuvent tout de même être appréciées. L'attention n'est pas exclusivement centrée sur les aspects moins désirés et l'humeur demeure positive.

L'insatisfaction corporelle se caractérise par le fait de ne pas aimer, ou de moins aimer, une ou des parties du corps. On retrouve souvent, mais pas toujours, les mêmes parties chez les femmes, soit les hanches, les fesses, le ventre et les bras. Pour les hommes, on parle plutôt du développement musculaire au niveau de l'abdomen, ou encore du trapèze musculaire des épaules. Cela étant dit, avec de légères insatisfactions corporelles, d'autres parties du corps peuvent tout de même être appréciées. L'attention n'est pas exclusivement centrée sur les aspects moins désirés et l'humeur demeure positive. Les préoccupations corporelles sont alors absentes ou faibles. Les comportements de contrôle du poids et de l'apparence ne sont que peu ou pas présents et la personne fait preuve de flexibilité. En d'autres mots, l'insatisfaction corporelle ne mène pas la vie de la personne, comme l'illustre l'exemple fictif suivant :

> *« Josianne essaie de ne pas trop manger de chocolat parce qu'elle a l'impression qu'elle prendra du poids si elle en mange plus que quelques morceaux par jour. Elle se trouve belle, et est consciente et accepte que son poids fluctue un peu. Tout de même, elle ne désire pas en prendre plus. Elle aime cuisiner et adore les sauces au fromage. Pas question de s'en priver! Elle s'entraîne régulièrement, sauf les journées où elle est trop fatiguée. En moyenne, elle peut faire 2 à 3 heures d'entraînement par semaine, mais se montre flexible dans sa routine. Elle pratique un sport qu'elle aime, sinon la motivation n'est pas au rendez-vous. Elle a bien hâte à l'été pour se baigner. Elle n'est pas prête à se mettre en bikini, mais aucun problème avec un costume de bain jupette dans lequel elle se sent bien! »*

Préoccupations excessives

Plus l'insatisfaction corporelle augmente, plus l'évaluation corporelle devient négative et affecte l'humeur, les pensées, les comportements et les attitudes de la personne. Pour cette dernière, plusieurs parties de son corps « font défaut » et l'investissement dans le but de modifier son apparence est très grand. Être excessivement préoccupé.e, c'est d'avoir les pensées occupées par une idée récurrente, c'est-à-dire que l'attention de la personne est centrée sur les insatisfactions qu'elle présente et elle peut ruminer ces pensées régulièrement. Ces dernières activent des émotions désagréables comme une anxiété, une honte ou une colère. Les émotions, pensées et comportements qui concernent autre chose que les insatisfactions ont de moins en moins de place et la personne peine à diminuer l'inconfort ressenti.

Les comportements de contrôle et de modification du poids et de l'apparence prennent beaucoup de place et ne réussissent pas toujours à neutraliser les émotions désagréables, comme illustré dans l'exemple fictif suivant :

> *« Marianne se préoccupe énormément de son poids et de son apparence. Chaque jour, elle passe plusieurs heures devant le miroir et doit s'en tenir à sa routine (soins du visage, cheveux, maquillage). Elle se pèse tous les matins et choisit judicieusement ses vêtements. Si son poids fluctue, elle tente de modifier son alimentation. Lorsqu'elle se sent gonflée, il peut arriver qu'elle décide de s'absenter de l'école ou de son travail ou qu'elle choisisse des vêtements amples pour éviter que ça se voie. Elle tente du mieux qu'elle peut de suivre une routine d'exercice et un plan alimentaire. Quand elle n'y arrive pas, elle est fâchée et anxieuse. Il arrive même qu'on lui reproche son attitude désagréable. Pourtant, quand elle suit son plan, elle peut être tellement joyeuse ! »*

Obsessions

Les obsessions sont des idées qui s'imposent à la pensée et qui se tolèrent très difficilement. On parle d'idées intrusives, non sollicitées et récurrentes. De façon générale, elles peuvent concerner plusieurs thèmes, comme la crainte de la contamination, l'exactitude et l'ordre. Lorsque la personne présente une obsession corporelle, elle entretient des pensées axées sur son poids, ses formes, ses mesures ou encore des caractéristiques spécifiques (par exemple acné, pilosité, cheveux, forme du nez).

Lorsque la personne présente une obsession corporelle, elle entretient des pensées axées sur son poids, ses formes, ses mesures ou encore des caractéristiques spécifiques.

La personne peut être obsédée par l'idée que son poids doive demeurer le même, que ses mesures ne doivent pas augmenter, que la forme de son abdomen doit être plate, que ses sourcils doivent être exactement de la même forme, ou alors que son acné ne doit pas paraître. Cette obsession altère le fonctionnement de la personne, qui peut développer des problèmes de concentration à l'école ou au travail, ou avoir du mal à s'investir dans ses relations ou dans ses loisirs. En effet, l'obsession active des émotions désagréables assez intenses que la personne voudra diminuer par des comportements de contrôle du poids ou de l'apparence, de surveillance corporelle ou d'évitement. L'obsession corporelle est généralement observée chez les personnes qui présentent un trouble des conduites alimentaires (voir chapitre 5), telle qu'illustrée par l'exemple fictif suivant, ou l'**obsession d'une dysmorphie corporelle** :

> *« Marie-Hélène est obsédée par son poids et sa forme corporelle. Elle se pèse jusqu'à cinq fois par jour et mesure le tour de ses cuisses. Toutefois, elle ne se regarde pas dans le miroir parce que ça lui cause trop d'anxiété. En effet, elle évite les miroirs à tout prix. Chaque bouchée est calculée et prévue, et elle se montre très rigide dans son apport alimentaire. Plusieurs groupes d'aliments sont disparus de son alimentation. Elle ne mange que ce qu'elle-même a cuisiné et ne va jamais au restaurant ni souper chez des amis. Les soirs sont une période très difficile pour elle, comme elle se sent généralement gonflée. Elle s'entraîne alors jusqu'à ne plus se sentir ainsi. Une, deux ou trois heures par soir, la durée varie. Il peut arriver qu'elle "perde le contrôle" comme elle le rapporte, et qu'elle mange une quantité anormale de nourriture. Ces moments sont "les pires de sa vie". Elle se sent si honteuse, fâchée et découragée d'elle-même. Quand ces moments se présentent, en moyenne une fois par semaine, elle réfléchit à des moyens de compenser les calories ingérées. Bref, elle pense tout le temps à son poids, sa forme corporelle et son alimentation. Elle peine à se concentrer à l'école et ses amies l'irritent de plus en plus. Elle les voit donc de moins en moins. »*

L'obsession d'une dysmorphie corporelle

L'obsession d'une dysmorphie corporelle est une maladie mentale reconnue faisant partie des troubles obsessifs compulsifs et qui est caractérisée par une exagération d'un défaut corporel réel ou imaginaire. La personne qui en souffre entretient la perception que les autres accordent une grande importance au défaut, et passe généralement de longs moments devant le miroir, l'évite ou entretient des comportements répétitifs dans le but de diminuer ce défaut. Cette obsession provoque une détresse significative et altère généralement le fonctionnement de la personne (American Psychiatric Association [APA], 2015).

Pandémie, confinement et image corporelle

Bien que les résultats de recherche soient préliminaires et qu'ils ne permettent pas encore de comprendre l'étendue des impacts de la COVID-19 sur la santé mentale au moment d'écrire ces lignes, ils semblent indiquer que la pandémie liée à la COVID-19 et ses périodes de confinement ont contribué de façon significative à l'augmentation des préoccupations corporelles et alimentaires, notamment chez les femmes, et particulièrement chez les personnes présentant ou ayant présenté un diagnostic de trouble des conduites alimentaires. En effet, on estime que les conditions du confinement ainsi que la diminution, voire la perte, de contacts sociaux semblent avoir créé des conditions parfaites pour l'augmentation de préoccupations corporelles et de comportements alimentaires problématiques. Le temps passé devant les écrans et l'exposition à l'idéal de beauté ont considérablement augmenté, tandis que les recours aux stratégies d'adaptation habituelles pour gérer certaines insatisfactions corporelles ont, pour leur part, considérablement diminué (Robertson *et al.*, 2021 ; Swami *et al.*, 2021 ; Zhou et Wade, 2021).

À partir de quand doit-on s'inquiéter ?

> Doit-on s'inquiéter de ressentir de l'insatisfaction corporelle ? Doit-on agir rapidement pour améliorer son degré de satisfaction corporelle ?

Comme la majorité de la population exprime une certaine forme d'insatisfaction, on peut se questionner à savoir où se trouve la frontière entre la normalité et l'anormalité face à l'insatisfaction corporelle. Doit-on s'inquiéter de ressentir de l'insatisfaction corporelle ? Doit-on agir rapidement pour améliorer son degré de satisfaction corporelle ?

En fait, il est très difficile de répondre rapidement à ces questions puisque plusieurs variables doivent être considérées, comme le degré d'insatisfaction et son impact sur la vie de la personne. Il peut être utile de se poser les questions suivantes :

- Jusqu'à quel point est-ce que je n'aime pas mon corps ?
- Lesquels de mes comportements sont motivés par un désir de modifier mon apparence ?
- De quelle façon mon humeur est-elle influencée par mes insatisfactions ?
- Combien de temps est-ce que je passe à modifier ou à tenter de contrôler mon poids ou mon apparence ?
- Est-ce que certaines activités sont évitées à cause de mon poids ou de mon apparence ?
- Puis-je ressentir une satisfaction et profiter de la vie, tout en ressentant une certaine insatisfaction corporelle ?

En bref

- Il est normal de présenter une certaine forme d'insatisfaction corporelle, tant que cette dernière ne soit pas envahissante. Le degré d'insatisfaction doit être tolérable, permettre à la personne de présenter une humeur généralement positive et permettre qu'elle puisse répondre adéquatement à ses besoins ;
- L'insatisfaction peut mener aux préoccupations excessives, puis à l'obsession. Cette dernière est présente dans certains troubles de santé mentale, comme les troubles des conduites alimentaires et l'obsession d'une dysmorphie corporelle.

CHAPITRE 4
QUELS SONT LES RISQUES ASSOCIÉS À L'INSATISFACTION CORPORELLE ?

L'insatisfaction corporelle déclenche un inconfort chez la personne, représenté par l'écart entre la perception du corps réel et celui souhaité. Afin de diminuer ce malaise, la personne met généralement en place des comportements d'évitement (ne pas porter le vêtement confortable tant aimé parce qu'il « fait des bourrelets », ne pas se mettre en costume de bain par peur du regard des autres, ne pas aller danser, ne pas se faire prendre en photo), de modification ou de contrôle du poids (comportements alimentaires restrictifs, exercice excessif) ou de l'apparence (maquillage, coiffure, chirurgie esthétique).

> Ces comportements maintiennent non seulement les préoccupations liées au poids et à l'apparence, mais aussi le vécu d'insatisfaction.

L'objectif recherché par ces comportements peut être perçu comme positif: ils visent à diminuer la souffrance vécue en rapprochant la personne de son idéal. Malheureusement, la conséquence est souvent tout autre. En effet, ces comportements maintiennent non seulement les préoccupations liées au poids et à l'apparence, mais aussi le vécu d'insatisfaction. Ils « confirment » à la personne que son poids, sa forme corporelle ou encore son apparence ne sont pas adéquats, qu'ils sont si importants qu'on doit s'en préoccuper et qu'il faut correspondre aux normes, à un idéal de beauté (figure 4.1). De plus, on observe que l'insatisfaction corporelle semble placer la personne à risque de plusieurs difficultés, dont une relation difficile avec la nourriture et le corps, des problèmes psychologiques, des performances scolaires plus faibles, une insatisfaction conjugale ainsi qu'un risque, pour les parents, que leurs enfants développent à leur tour de l'insatisfaction corporelle.

Figure 4.1 Cycle du maintien des insatisfactions corporelles

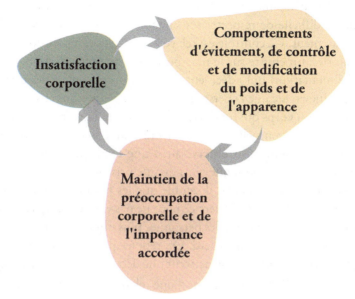

Insatisfaction corporelle et relation difficile avec la nourriture

Le moyen le plus fréquent afin de gérer l'insatisfaction corporelle en est un habituellement de contrôle alimentaire. Ces comportements nuisent à la mise en place d'habitudes alimentaires saines permettant l'écoute et le respect des signaux corporels. La personne aura du mal à respecter ses goûts et ses besoins physiologiques et pourra développer des comportements de suralimentation ou de crises alimentaires (voir chapitre 6). On observe aussi une plus grande prévalence de comportements alimentaires problématiques chez les personnes qui rapportent de l'insatisfaction corporelle comme le jeûne, la prise de laxatifs, les vomissements et l'utilisation de méthodes dites « coupe-faim » comme la cigarette (Dion et al., 2015). Chez les hommes, on observe la prise de stéroïdes anabolisants (Karazsia et al., 2017).

Insatisfaction corporelle et relation difficile avec le corps

Comme la personne met en place des comportements de contrôle, il lui est difficile de respecter ses signaux corporels et d'y répondre adéquatement. Ce contrôle est relayé à des règles externes (un calcul de calories, un chiffre sur le pèse-personne, une planification rigide de l'alimentation) qui « décident » des comportements à adopter. Il devient inévitable que la personne doive nier ses besoins et se déconnecter de son corps qui lui envoie plutôt des signaux internes (faim, satiété, goût). Éventuellement, la personne aura du mal à reconnaître ses propres besoins. On observe aussi une tendance à diminuer la pratique d'exercice physique ainsi qu'une prise de poids (Wertheim et Paxton, 2012). En effet, il semble que les personnes insatisfaites de leur corps diminuent l'exercice pour ne pas voir leur corps bouger, pour ne pas se comparer à des personnes plus minces ou encore pour éviter de s'exposer à leur regard. On retient que les comportements visant à gérer l'insatisfaction activent une déconnexion corporelle qui rend très difficile l'établissement d'une relation saine avec son corps.

Insatisfaction corporelle et problèmes psychologiques

> Dès que la personne présente de l'insatisfaction corporelle, le risque de développer un trouble des conduites alimentaires s'accentue.

La personne qui présente de l'insatisfaction corporelle a plus de risques de développer une faible estime de soi, des affects négatifs, jusqu'aux symptômes dépressifs et une dépression, des symptômes anxieux ainsi qu'un trouble des conduites alimentaires. Ces liens s'expliquent par le fait que les préoccupations sur le corps et la nourriture maintiennent une forme d'anxiété et d'anticipation qui, à leur tour, semblent nourrir les préoccupations. De plus, l'insatisfaction corporelle affecte la représentation de soi. En effet, on doit rappeler ici que l'image corporelle semble être le facteur le plus important dans le développement de l'estime de soi. Plus la personne présente des insatisfactions corporelles, plus elle s'évalue négativement, ce qui semble avoir un impact sur son concept de soi, tout comme sur son humeur. Finalement, il a été démontré que l'insatisfaction corporelle représente un prédicteur de trouble des conduites alimentaires (Wichstrøm et von Soest, 2016). En d'autres mots, dès que la personne présente de l'insatisfaction corporelle, le risque de développer un trouble des conduites alimentaires s'accentue. Ce lien s'explique par le fait que pour tenter de modifier son poids, le comportement alimentaire est généralement celui qui sera priorisé. La mise en place de certains de ces comportements, la perte de poids ou l'impression de contrôle qui peuvent s'ensuivre et l'interaction avec d'autres facteurs de risque peuvent déclencher un trouble des conduites alimentaires (voir chapitre 5).

Insatisfaction corporelle et performance scolaire plus faible

Les jeunes qui présentent de l'insatisfaction corporelle ont généralement une estime de soi plus faible et cette dernière affecte la performance scolaire. En effet, l'insatisfaction corporelle et la faible estime de soi ont un impact sur le concept de soi des jeunes qui s'évaluent négativement, ainsi que sur leur capacité d'attention et de concentration. Comme ils doutent, entre autres, de leurs capacités et qu'ils peuvent présenter certaines difficultés d'apprentissage, on estime que l'investissement à l'école est plus difficile. Ainsi, des résultats scolaires insatisfaisants ainsi qu'une participation plus faible à l'école sont observés chez les jeunes qui présentent de l'insatisfaction corporelle (Aimé, 2012 ; Halliwell *et al.*, 2014).

Insatisfaction corporelle et insatisfaction conjugale

Des impacts de l'insatisfaction corporelle ont aussi été observés sur le plan relationnel. En effet, les recherches démontrent que plus les personnes présentent de l'insatisfaction corporelle, plus elles risquent de vivre une insatisfaction conjugale. Ce lien s'explique avec la présence d'anxiété relationnelle et une plus grande peur de l'intimité. Il semblerait que l'insatisfaction corporelle prend la forme de pensées intrusives qui se présentent jusque dans la sphère sexuelle et déclenchent une insatisfaction sexuelle (Bégin et Gagnon-Girouard, 2013). Les études portant sur ces liens sont limitées en ce qui a trait à l'adolescence. Toutefois, on tend à penser que les résultats observés chez les adultes s'appliquent aussi aux adolescents. De plus, une méta-analyse regroupant près de 2 500 participants a permis de démontrer que plus l'insatisfaction corporelle augmente, plus l'utilisation du condom diminue, ce qui peut mener à une hausse du risque de contracter une infection transmise sexuellement (Blashill et Safren, 2015).

Insatisfaction corporelle et risques chez l'enfant

> Les parents sont d'importants alliés face au développement d'une image corporelle positive auprès des enfants.

Certaines recherches se sont penchées sur l'impact de l'insatisfaction corporelle du parent sur le développement d'insatisfaction corporelle chez l'enfant. Bien que les résultats semblent mitigés, il semble que l'enfant dont le parent n'est pas satisfait de son corps a plus de risques de développer de l'insatisfaction corporelle à son tour. Il semble en effet que l'enfant, par identification à son parent, internalise les préoccupations corporelles de ce dernier (Ericksen *et al.*, 2003; Lowes et Tiggemann, 2003). De plus, le parent qui exprime des insatisfactions corporelles présente généralement des difficultés à répondre adéquatement aux inquiétudes que l'enfant peut véhiculer sur son corps, tout comme à le protéger à travers les possibles expériences de stigmatisation.

En tant que parents

Les parents sont d'importants alliés face au développement d'une image corporelle positive auprès des enfants. Travailler sur leur image corporelle permet non seulement d'entretenir une relation saine avec leur propre corps, mais aussi d'accompagner adéquatement leur enfant dans le développement de la leur. Les parents ayant développé une relation saine avec leur corps sont alors plus enclins à répondre adéquatement aux inquiétudes que les enfants peuvent exprimer face à leur corps, à les protéger à travers les possibles expériences de stigmatisation et à véhiculer un discours plus inclusif corporellement.

Les parents sont des modèles significatifs pour leurs enfants et il est très utile qu'ils puissent se questionner sur leur image corporelle et sur leur rapport à la nourriture. Un suivi très adéquat pour les parents en est un axé sur l'apprentissage des habiletés parentales liées à l'image corporelle. On y adresse le développement de cette dernière, les principes de l'alimentation intuitive et le partage des responsabilités alimentaires, la théorie du poids naturel, le stigma lié au poids, la démystification des idées reçues sur le poids et la validation émotionnelle. À travers les séances, on y apprend comment répondre aux inquiétudes de leurs enfants concernant leur corps et la nourriture. En effet, que faut-il répondre à son enfant qui se dit gros ? Est-il pertinent de se peser à la maison ? Comment réagir quand l'enfant refuse de porter un vêtement ou refuse de terminer son assiette ? Un enfant qui désire changer son alimentation, c'est bien ou non ? Un jeune à l'adolescence qui désire cuisiner ses repas, est-ce une preuve d'autonomie et d'initiative ou cela cache-t-il un enjeu ? Encourage-t-on ou non les jeunes à ne pas manger de desserts pour diminuer leur apport en sucre ? Ces questions ne sont que des exemples de tous les thèmes abordés dans ce type de suivi qui se montre très utile et enrichissant.

En bref

- Les comportements d'évitement, de contrôle et de modification du poids et de l'apparence visent à diminuer le malaise provoqué par l'écart entre la perception de son corps et le corps souhaité, mais maintiennent les préoccupations et l'insatisfaction corporelle ;

- Plusieurs répercussions de l'insatisfaction corporelle sont observées, comme des symptômes anxieux et dépressifs, des résultats scolaires plus faibles, un plus grand risque de développer un trouble des conduites alimentaires ainsi qu'une relation malsaine avec son corps et la nourriture ;

- Plus les personnes présentent de l'insatisfaction corporelle, plus elles risquent de vivre une insatisfaction conjugale ainsi qu'une insatisfaction sexuelle ;

- Les parents sont assurément de précieux alliés quant au développement de l'image corporelle chez les enfants, et entretenir une bonne relation avec leur corps leur permet de répondre plus adéquatement aux inquiétudes et besoins que les enfants peuvent avoir concernant leur corps et la nourriture.

CHAPITRE 5
EST-CE QUE L'INSATISFACTION CORPORELLE MÈNE TOUJOURS À UN TROUBLE DES CONDUITES ALIMENTAIRES ?

Généralement, les personnes qui présentent un trouble des conduites alimentaires présentent aussi de l'insatisfaction et des préoccupations corporelles assez prononcées. Toutefois, ce ne sont pas toutes les personnes insatisfaites de leur corps qui développent un trouble des conduites alimentaires. Bien que l'insatisfaction corporelle soit reconnue comme un facteur prédicteur de troubles des conduites alimentaires (Cash et Smolak, 2011), c'est l'interaction à d'autres facteurs de risque, à des facteurs déclencheurs et à des facteurs de maintien qui explique le développement d'un trouble des conduites alimentaires, comme l'illustre la figure 5.1.

> Ce ne sont pas toutes les personnes insatisfaites de leur corps qui développent un trouble des conduites alimentaires.

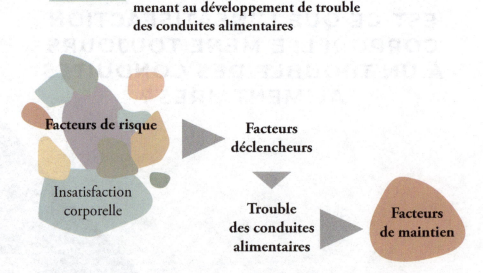

Figure 5.1 Interactions des facteurs menant au développement de trouble des conduites alimentaires

Facteurs déterminants dans le développement d'un trouble des conduites alimentaires

La présence et l'interaction des facteurs prédisposants (individuels, familiaux et sociaux) expliquent la vulnérabilité d'une personne à développer un trouble des conduites alimentaires. Ainsi, selon les facteurs présents, certaines personnes sont plus vulnérables que d'autres. Afin de présenter ces facteurs d'un point de vue global, ils sont ici regroupés, bien que certains s'appliquent à un trouble plus qu'à un autre. Les informations qui suivent sont majoritairement tirées du manuel de référence *Les troubles des conduites alimentaires : du diagnostic aux traitements* (Aimé *et al.*, 2020), qui fournit le portrait le plus complet et à jour des troubles des conduites alimentaires, des populations touchées, de leurs comorbidités, des modes d'évaluation et des traitements possibles. Comme le présent livre vise plutôt à offrir une information vulgarisée et concrète sur l'image corporelle, pour une description détaillée des facteurs de risque propres à chaque trouble des conduites alimentaires, la lecture de l'ouvrage de référence est fortement suggérée.

Les facteurs individuels regroupent tout d'abord des prédispositions génétiques, des facteurs neurologiques et le moment de la puberté ainsi que les changements physiologiques qu'elle apporte. À ces facteurs s'ajoutent ensuite les insatisfactions corporelles, la faible estime de soi et certaines caractéristiques de personnalité, notamment le perfectionnisme, la compulsivité, l'impulsivité, la labilité de l'humeur, la propension à utiliser la pensée dichotomique, et l'alexithymie. Finalement, une surévaluation de l'importance des formes corporelles et du poids, des attitudes alimentaires dysfonctionnelles, des restrictions alimentaires rigides ainsi que la présence d'une psychopathologie comme un trouble anxieux, de l'humeur, ou de l'usage de substances ont aussi été identifiées comme étant des facteurs de risque importants.

Les facteurs familiaux regroupent quant à eux les familles où il y a peu de place à l'expression des émotions, à l'autonomie et à l'individualisation, où existe un contrôle rigide ou une surprotection parentale, où subsistent des conflits ouverts, une difficulté à aborder la séparation ou une difficulté dans l'expression et le respect des limites, ainsi qu'un isolement relationnel. Il est important de rappeler que ces facteurs sont ceux qui placent les personnes à risque d'un développement de trouble des conduites alimentaires et non une description des familles des personnes qui en présentent un. En effet, on observe aussi la présence de trouble des conduites alimentaires dans des familles où ces facteurs ne sont pas présents.

Pour les facteurs sociaux, on retrouve tout d'abord l'industrialisation, la notion de performance dans la société, l'occupation et les sports pratiqués par la personne. Ensuite, la présence des médias et leur message axé sur l'idéal de beauté et la surabondance d'information (et de mésinformation) sur les thèmes de l'alimentation, la prise et la perte de poids et l'obésité sont aussi d'importants facteurs. Les événements stressants et traumatiques, particulièrement ceux vécus en enfance, viennent s'ajouter aux facteurs de risque. On retrouve, entre autres, les deuils, les pertes, les séparations, la négligence, la violence physique, les abus sexuels ou psychologiques. Finalement, on retrouve l'influence des pairs, les expériences de stigmatisation et d'intimidation liées au poids et l'intériorisation des biais liés au poids.

Il est important de soulever que ce sont des facteurs de risque, et non des facteurs causals. À eux seuls et pris de façon individuelle, ils ne peuvent prédire le développement d'un trouble des conduites alimentaires. C'est leur interaction, contrebalancée à des facteurs de protection, qui détermine la vulnérabilité d'une personne à développer un tel trouble. Viennent ensuite des facteurs déclencheurs, qui peuvent prendre la forme d'un événement stressant (négatif comme positif) en lien avec lequel la personne entreprendra généralement une démarche de perte de poids ou voudra contrôler ce dernier ou son apparence. On peut retrouver, entre autres, une rupture, un mariage ou même le bal de 5ᵉ secondaire. Finalement, certains facteurs de maintien, comme la sous-alimentation, le sous-poids ou la restriction alimentaire, viendront quant à eux maintenir le trouble en place.

> On retient que l'insatisfaction corporelle est un prédicteur de trouble des conduites alimentaires. C'est un des facteurs de risque les plus importants.

On retient que l'insatisfaction corporelle est un prédicteur de trouble des conduites alimentaires. C'est un des facteurs de risque les plus importants. On retient que sans lui, le risque qu'une personne développe un trouble des conduites alimentaires est très mince. D'un autre côté, une personne pourrait présenter une très forte insatisfaction corporelle, sans présenter d'autres facteurs de risque importants associés au développement de trouble des conduites alimentaires et ne jamais développer un de ces troubles au courant de sa vie.

Les troubles des conduites alimentaires

Les troubles des conduites alimentaires sont des troubles de santé mentale reconnus et caractérisés par des comportements alimentaires altérés (irréguliers, restrictifs ou compulsifs) ainsi qu'une grande préoccupation liée au poids et à l'apparence. Ces troubles affectent les sphères physiques et psychologiques de la personne et provoquent une souffrance marquée. Ils occupent le troisième rang au niveau des maladies chroniques chez les adolescentes et sont au deuxième rang des maladies mentales les plus mortelles (derrière la surdose d'opioïdes) (Arcelus et al., 2011). On reconnaît majoritairement trois troubles des conduites alimentaires, soit l'anorexie mentale, la boulimie et les accès hyperphagiques (ou l'hyperphagie) auxquels s'ajoutent les troubles des conduites alimentaires autrement spécifiés, ainsi que deux troubles non reconnus officiellement : l'orthorexie et la dysmorphie musculaire, comme le montre le tableau 5.1.

Tableau 5.1 Troubles des conduites alimentaires et autres troubles

Troubles des conduites alimentaires spécifiés	Troubles des conduites alimentaires autrement spécifiés	Troubles des conduites alimentaires non reconnus officiellement
Anorexie mentale	Anorexie mentale, boulimie ou accès hyperphagiques autrement spécifiés	Orthorexie
Boulimie	Syndrome d'alimentation nocturne	Dysmorphie musculaire
Accès hyperphagiques (ou hyperphagie)	Trouble purgatif	

Anorexie mentale

La personne qui présente une anorexie mentale restreint son apport alimentaire dans le but de perdre du poids ou d'en prévenir le gain, bien que celui-ci soit faible. La personne peut restreindre son nombre de calories et s'en tenir à un nombre limité par repas ou par jour, limiter son nombre de repas ou se restreindre de certains groupes d'aliments, comme ne manger aucun gras ou aucun glucide. Les comportements alimentaires sont habituellement accompagnés d'une peur intense de prendre du poids ou un refus que le poids augmente, ainsi qu'une autoévaluation centrée sur le poids ou la silhouette. La personne peut nier que ses comportements soient restrictifs, dangereux ou nuisibles à sa santé. Comme elle présente régulièrement une sous-alimentation et un sous-poids, plusieurs effets secondaires sont observés, notamment sur les plans physique, psychologique et social. On pense, entre autres, à une rigidité cognitive, une humeur anxieuse et dépressive, des comportements rituels, un retrait social, une apparition du lanugo (petit duvet), une perte de cheveux et une fausse impression de satiété. Il est important de soulever que c'est généralement le sous-poids qui déclenche et maintient ces effets, et qu'une reprise de poids les fait presque tous disparaître.

> Comme elle présente régulièrement une sous-alimentation et un sous-poids, plusieurs effets secondaires sont observés, notamment sur les plans physique, psychologique et social.

Boulimie

La personne qui présente une boulimie tente habituellement de contrôler son poids par des comportements de contrôle alimentaire et est généralement de poids considéré dans la norme ou légèrement au-dessus. Son estime personnelle est étroitement liée et influencée par son poids et sa forme corporelle. De façon régulière, on observera des crises alimentaires (frénésie) où la personne ingérera une quantité anormale de nourriture pour le contexte donné, dans un temps limité (habituellement moins de deux heures) et en rapportera une perte de contrôle. Les aliments consommés sont habituellement des aliments riches en sucre, en sel ou en gras et rapidement accessibles, mais il peut aussi arriver qu'il en soit autrement. Afin de compenser les calories ingérées lors des crises alimentaires, la personne présentera des comportements compensatoires, qui peuvent prendre différentes formes (par exemple les vomissements, le jeûne, l'exercice excessif). Ces épisodes de crises alimentaires suivis de comportements compensatoires sont réguliers et entrecoupés de moments où la personne tente de maintenir un équilibre alimentaire.

Accès hyperphagiques

Les accès hyperphagiques (aussi nommés hyperphagie) se caractérisent par des périodes de crises alimentaires régulières où la quantité de nourriture ingérée excède ce qui est considéré comme normal et sont accompagnés d'une perte de contrôle, sans toutefois qu'il y ait présence de comportements compensatoires. Afin de différencier ces crises d'une suralimentation (le fait de manger outre sa faim), certains critères précis doivent être présents (comme le fait de manger plus rapidement que la norme, seule ou seul, en l'absence de faim, jusqu'à avoir l'estomac distendu), et accompagnés d'une détresse significative. La personne qui présente des accès hyperphagiques rapporte régulièrement une honte associée à ses comportements qu'elle juge durement et son poids est habituellement élevé. Toutefois, ce ne sont pas toutes les personnes qui présentent un surpoids ou une obésité qui souffrent d'accès hyperphagiques.

Troubles alimentaires autrement spécifiés

La catégorie des troubles alimentaires autrement spécifiés regroupe les troubles qui ne répondent pas précisément aux critères spécifiques des trois premiers, mais qui causent une souffrance marquée ainsi qu'une altération du fonctionnement de la personne. Ainsi, on y retrouve l'anorexie mentale, la boulimie et les accès hyperphagiques, sans que tous les critères diagnostiques soient réunis. Il peut s'agir d'un poids qui demeure dans la norme attendue pour l'anorexie mentale, ou une fréquence de crises alimentaires inférieure à ce que précise le critère pour la boulimie ou les accès hyperphagiques. S'ajoutent aussi le syndrome d'alimentation nocturne, qui consiste en des comportements alimentaires problématiques durant la nuit, et le trouble purgatif.

Dans ce cas, il y a une présence de comportements compensatoires visant à contrôler le poids ou la forme corporelle, sans toutefois qu'il y ait la présence de crises alimentaires.

Troubles des conduites alimentaires non reconnus officiellement

Bien qu'ils ne soient pas encore reconnus officiellement par la communauté médicale comme des troubles des conduites alimentaires, deux autres troubles sont observés par les professionnelles et professionnels : l'orthorexie et la dysmorphie musculaire.

L'orthorexie est définie par l'obsession de manger sainement. La personne est donc obsédée par la valeur nutritive et la qualité des aliments, au détriment du plaisir de manger et de ses signaux corporels. Il est fréquent que cette personne passe plusieurs heures à planifier ses repas afin que ses aliments soient les plus sains possibles. Les restrictions alimentaires visent généralement à diminuer les impacts éventuels sur la santé en éliminant le plus possible le sucre, le gras, le sel, les aliments transformés, les agents de conservation, les colorants et toute autre substance artificielle. La personne présente une rigidité cognitive quant aux bienfaits nécessaires de certains aliments et aux risques des autres, et cherche à atteindre une alimentation la plus pure qui soit. L'importance accordée à l'apparence n'est pas toujours présente, mais il n'est pas rare toutefois qu'une préoccupation face au poids le soit, comme la personne associe ce dernier à une variable qualifiant son état de santé. L'orthorexie s'accompagne généralement d'isolement social étant donné que les repas à l'extérieur ou les activités sociales deviennent trop difficiles à gérer sur le plan alimentaire. Pour le moment, certaines équipes scientifiques valident différents questionnaires afin de dépister l'orthorexie sans que ces derniers soient accessibles au grand public (Oberle *et al.*, 2021). Pour sa part, le test de Bratman (Bratman, 1997) est disponible en ligne, et permet rapidement de détecter certains comportements se rapportant à l'orthorexie.

La dysmorphie musculaire est actuellement reconnue comme une spécification de l'obsession d'une dysmorphie corporelle dans le DSM-5 (APA, 2013). Aussi appelée anorexie inversée ou bigorexie, et majoritairement observée chez les hommes, elle se caractérise par une obsession entourant sa propre musculature. Ainsi, la personne développe des pratiques alimentaires restrictives visant à diminuer le gras et à développer sa masse musculaire. La pratique d'exercice physique est tout aussi excessive et surinvestie, et les préoccupations corporelles sont omniprésentes. Ainsi, la personne peut passer plusieurs heures par jour à s'entraîner, à lever des poids et à planifier son alimentation, le but étant de développer davantage sa musculature. Il peut aussi arriver qu'elle consomme des stéroïdes anabolisants. Un isolement social est fréquent puisque la routine doit être maintenue à tout prix. Cette dernière est rigide, les écarts sont inacceptables et anticipés avec beaucoup d'anxiété. On observe une altération de l'image corporelle où les personnes se voient généralement plus petites en termes de masse musculaire qu'elles ne le sont en réalité. Les pensées intrusives sont hors du contrôle de la personne, qui présente aussi une surévaluation de l'importance de l'apparence dans sa représentation d'elle-même. Ainsi, les comportements de contrôle alimentaire et la pratique d'exercice sont compulsifs et visent à soulager l'obsession corporelle.

La COVID-19, un facteur déclencheur de troubles des conduites alimentaires ?

À l'heure où ce livre est sous presse, peu d'études ont été publiées sur l'impact de la COVID-19 et le déclenchement de troubles des conduites alimentaires. Toutefois, certains hôpitaux ont rapporté une hausse des hospitalisations pour ces troubles. Dans la population, on observe que la faible gestion du stress a été associée de façon significative à un nombre plus élevé de comportements de contrôle du poids, que les chercheuses ont nommés « extrêmement malsains ». Un stress plus élevé et des symptômes dépressifs ont, pour leur part, été associés à une plus grande probabilité de frénésie alimentaire. Les chercheuses suggèrent que la détresse psychologique, la faible gestion du stress, les difficultés financières et les changements d'horaire brusques peuvent avoir contribué à l'apparition de comportements alimentaires problématiques pendant la pandémie de COVID-19. Pour certaines personnes qui présentaient déjà un risque de trouble des conduites alimentaires, qui avaient déjà reçu un diagnostic par le passé ou en

> présentaient un actuellement, la pandémie semble avoir joué le rôle de facteur déclencheur (Simone *et al.*, 2021). La pandémie ne semble pas être la cause du trouble des conduites alimentaires, mais chez une personne déjà vulnérable, elle a effectivement exacerbé des comportements problématiques, déclenché la maladie ou son retour.

Prévalence

Les personnes de tous genres et de tous âges peuvent souffrir d'un trouble des conduites alimentaires, bien que la prévalence indique une forte prédominance chez les femmes. L'âge d'apparition est majoritairement lors de l'adolescence ou du début de l'âge adulte selon le trouble, mais les enfants et les personnes d'âge avancé peuvent aussi souffrir de ces maladies.

On retient que les troubles des conduites alimentaires autrement spécifiés sont les plus prévalents et que les femmes sont davantage touchées.

Une recension d'écrits récente (Galmiche *et al.*, 2019) propose que 8,4 % des femmes et 2,2 % des hommes présenteront un trouble des conduites alimentaires au cours de leur vie. Les prévalences à vie spécifiques à chaque trouble figurent dans le tableau 5.2. On retient que les troubles des conduites alimentaires autrement spécifiés sont les plus prévalents et que les femmes sont davantage touchées. Toutefois, malgré une prévalence à vie de 2,2 %, les hommes semblent compter pour 10 % à 25 % de la population touchée par l'anorexie mentale ou la boulimie, et pour 36 % de la population qui présente des accès hyperphagiques (Galmiche *et al.*, 2019). Pour sa part, la population adolescente présente une prévalence assez élevée et on observe une prévalence plus élevée au niveau des continents américains (à comparer à l'Europe ou à l'Asie) (Galmiche *et al.*, 2019).

Tableau 5.2 Prévalence à vie des troubles des conduites alimentaires

	Femmes	Hommes
Anorexie	1,4 % à 3,6 %	0 à 0,3 %
Boulimie	0,3 % à 4,6 %	0,1 % à 1,3 %
Accès hyperphagiques	0,6 % et 5,8 %	0,3 % à 2 %
Troubles des conduites alimentaires autrement spécifiés	0,6 % à 14,6 %	0,3 % à 5 %

Reconnaître les signes avant-coureurs d'un trouble des conduites alimentaires

Il est impossible de reconnaître un trouble des conduites alimentaires uniquement par le poids ou l'apparence d'une personne. On encourage plutôt les proches et le personnel professionnel à dépister ces troubles en observant certains signes qui peuvent être plus évidents, ou encore plus subtils. Le dépistage rapide est important et améliore le pronostic comme il permet d'intervenir dès l'apparition des premiers comportements problématiques, avant que ces derniers s'incrustent et deviennent plus rigides. En cas de doute, une consultation avec une professionnelle ou un professionnel de la santé qui se spécialise dans les problèmes liés à l'image, au poids et à l'alimentation est à prioriser.

Comportements et attitudes à observer

- La personne démontre une grande préoccupation pour son poids, sa forme corporelle et/ou son alimentation;
- La personne démontre une grande préoccupation de ce que les autres pourraient penser de son poids et/ou de son apparence;
- La personne entreprend des changements dans ses habitudes alimentaires;

- La personne désire manger seule, ne veut pas manger du tout ou utilise des phrases telles que «j'ai déjà mangé», «je mangerai plus tard», «je n'ai pas faim»;
- La personne ne reste pas à table lors des repas ou après ceux-ci;
- La personne présente une rigidité liée à des règles alimentaires;
- La personne s'entraîne de façon excessive, sans relâche ou en respectant des règles rigides;
- La personne présente des symptômes anxieux ou dépressifs;
- La personne s'isole ou évite des activités sociales.

> **Initiatives québécoises et d'ailleurs**
>
> La Semaine nationale de sensibilisation aux troubles alimentaires est organisée annuellement par les organismes québécois Anorexie et Boulimie Québec (ANEB) et la Maison l'Éclaircie. Cette semaine vise à informer la population sur les troubles des conduites alimentaires et à proposer des outils concrets de prévention et d'intervention et se déroule la première semaine du mois de février.[1]
>
> Le *World Eating Disorder Action Day* est une journée mondiale reconnue depuis 2019, qui vise à unir les professionnelles et professionnels, les proches et les personnes touchées par un trouble des conduites alimentaires afin de promouvoir la reconnaissance mondiale de ces troubles et la nécessité d'un traitement complet et adéquat.[2]

---

1. https://live.semainetroublesalimentaires.com/
2. http://www.worldeatingdisordersday.org/

En bref

- L'insatisfaction corporelle ne conduit pas invariablement à un trouble des conduites alimentaires, mais en représente le facteur de risque le plus important. C'est l'interaction avec d'autres facteurs qui explique le développement d'un trouble des conduites alimentaires chez une personne;

- Davantage de femmes souffrent d'un trouble des conduites alimentaires, mais les hommes peuvent aussi en présenter;

- Les accès hyperphagiques représentent le trouble des conduites alimentaires où la prévalence d'hommes est la plus grande et les troubles des conduites alimentaires autrement spécifiés sont les plus prévalents;

- Un dépistage rapide de troubles des conduites alimentaires améliore le pronostic de la maladie et certains comportements sont à observer, comme des préoccupations importantes liées au corps ou à l'alimentation et des comportements alimentaires plus rigides.

CHAPITRE 6
QUELS SONT LES IMPACTS DES RÉGIMES AMAIGRISSANTS ET DU PÈSE-PERSONNE SUR L'IMAGE CORPORELLE ?

Une grande majorité de la population a déjà fait un quelconque régime amaigrissant dans sa vie. On estime qu'environ 95 % des femmes font au moins un régime dans leur vie (Grogan, 2008) et qu'au moins la moitié des Québécoises en font plus de deux par année pour tenter de contrôler leur poids ou d'en perdre. Pour sa part, le pèse-personne représente un comportement de surveillance corporelle assez fréquent. Saviez-vous qu'en matière d'image corporelle, ces pratiques ne sont pas à privilégier parce qu'elles représentent des facteurs de maintien des préoccupations corporelles et alimentaires ?

> Saviez-vous qu'en matière d'image corporelle, ces pratiques ne sont pas à privilégier parce qu'elles représentent des facteurs de maintien des préoccupations corporelles et alimentaires ?

Pourquoi se mettre au régime ?

Les raisons qui poussent les personnes à suivre un régime font généralement référence à une motivation de perte de poids afin d'aimer leur corps, d'augmenter leur estime personnelle, de se percevoir comme plus attirante, de se trouver un emploi ou encore de diminuer les risques de maladie.

Ces besoins, tout à fait normaux, placent les personnes dans un état vulnérable. Pour faire augmenter ses ventes, l'industrie de l'amaigrissement profite de cette vulnérabilité. Qui dit « industrie » dit profits. Et pas qu'un peu… un peu moins de 200 milliards de dollars de profits sur le plan mondial pour l'industrie de l'amaigrissement (Research and Markets, 2019). Au Canada, c'est quelque 6,09 milliards de dollars américains en 2014. Les experts prévoyaient une hausse à 8,33 milliards pour 2019 (ASPQ, 2015), puis une hausse de 8 % pour la période 2021-2026 (Research and Markets, 2021).

On peut déduire deux objectifs cachés de cette industrie : que l'insatisfaction corporelle demeure, et que leurs méthodes ne fonctionnent pas à long terme. Elle peut ainsi vendre ses produits, services et méthodes à répétition. En d'autres mots, si une méthode fonctionnait à long terme, tout le monde aurait son corps idéal et personne ne serait insatisfait de son corps.

« Je vous présente une méthode efficace pour perdre le plus de poids possible dans un temps record et en un minimum d'efforts. Vous avez 5 % de chance que ça fonctionne. Qui ça intéresse ? »

On doute fort que plusieurs se manifestent, n'est-ce pas ? Curieux, parce que c'est exactement ce que l'industrie propose, sous une forme différente. En effet, cette industrie se renouvelle constamment et use de beaucoup de créativité pour être toujours plus alléchante, que ce soit à travers l'utilisation d'un vocabulaire pseudo-scientifique, des témoignages avant-après, des images truquées, des promesses de résultats ou encore en utilisant une célébrité afin de promouvoir l'image de marque. Un bref regard historique démontre la naissance des diètes contemporaines dans les années 1900 avec le fletchérisme, cette technique qui consistait à mâcher la nourriture jusqu'à ce que celle-ci devienne liquide (ce qui, supposément, aidait à réduire l'apport calorique global afin d'induire une perte de poids). Par la suite, l'histoire se répète et chaque décennie offre sa nouvelle méthode, comme illustrée à la figure 6.1 avec quelques-unes des diètes les plus populaires des 120 dernières années.

Pourtant, plusieurs recherches le démontrent depuis longtemps : à long terme, les régimes amaigrissants ne fonctionnent pas. En effet, environ 95 % des personnes reprendront le poids perdu ou plus dans les cinq années qui suivront, à moins d'un maintien et d'une augmentation de la restriction alimentaire (lire ici : être au régime toute sa vie) (ASPQ, 2015). Cela dit, les régimes demeurent invitants parce qu'ils *promettent* une perte de poids et ainsi rassurent la personne en décidant pour elle ce qu'elle doit faire pour y arriver.

La journée internationale sans régime

En 1992, la Britannique féministe Mary Evans Young dénonce l'inefficacité des régimes amaigrissants et les dangers liés à l'obsession de la minceur en lançant la Journée internationale sans régime. Cette journée est maintenant célébrée dans de nombreux pays le 6 mai et depuis 2007, l'organisme ÉquiLibre la promeut au Québec.

Figure 6.1 Diètes populaires des dernières années

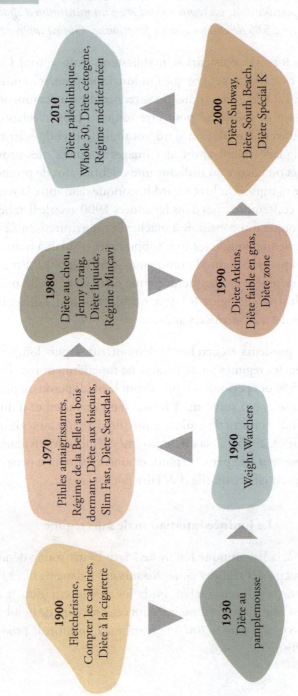

Les régimes amaigrissants contribuent à une relation malsaine avec la nourriture

Les régimes proposés ne tiennent généralement pas compte de l'individualité du poids, soit ce qui explique le poids chez quelqu'un, et offrent une recette générale pour tous. Ainsi, les aliments suggérés (pour ne pas dire forcés) ne respectent pas les goûts individuels ni les signaux de faim et de satiété. Les régimes, impossibles à maintenir à long terme, peuvent être trop sévères et induire une perte de poids trop rapide. Toutes des variables importantes à considérer afin de comprendre les résultats des régimes. Ces variables expliquent, à l'aide de deux concepts principaux, en quoi les régimes contribuent à une relation malsaine avec la nourriture tout comme leur échec. Ces concepts sont la survie de l'organisme ainsi que la restriction.

La survie de l'organisme

Le corps est un organisme vivant très intelligent qui sait quoi faire pour survivre. Lors de restrictions caloriques induisant une faim prolongée, le corps se sent menacé et pense qu'il fait face à une famine. Il sait très bien qu'il doit continuer de faire fonctionner ses organes, mais calcule rapidement qu'il manquera d'énergie s'il continue au même rythme. Il choisit alors de ralentir son fonctionnement et protège ses réserves, dont les graisses. Il débute par évacuer ce qui n'est pas essentiel à sa survie, soit beaucoup d'eau. C'est la raison pour laquelle « la perte de poids » des premiers moments d'un régime calorique n'est généralement associée qu'à une perte d'eau. Il réduit ensuite sa masse musculaire, ce qui lui permet de brûler du même coup moins d'énergie. En dernier recours, lorsqu'il n'a pas d'autres choix, il puise dans ses réserves de gras. Cependant, une fois les restrictions cessées, le corps veut refaire ses réserves rapidement. Il n'augmente pas son métabolisme tout de suite et entrepose l'excédent sous forme de

> Le corps a eu sa leçon. Il garde en mémoire cet épisode dans le but d'en prévenir un autre. Et à chaque tentative, l'organisme se protégera de plus en plus des carences.

graisse. Le corps a eu sa leçon. Il garde en mémoire cet épisode dans le but d'en prévenir un autre. Et à chaque tentative, l'organisme se protégera de plus en plus des carences.

Quand on y pense, ce fonctionnement est extraordinaire. Il a permis aux hommes préhistoriques de survivre pendant des périodes de carences alimentaires. L'organisme fonctionne ainsi pour nous maintenir en vie.

Phénomène du poids yo-yo

Le yo-yo, illustré à la figure 6.2, est utilisé pour expliquer la trajectoire du poids lors de régimes à répétition. La personne entreprend un régime, s'ensuit une perte de poids. Après quelque temps, la personne peut ressentir une fatigue, une frustration, des envies alimentaires plus fortes et décider d'abandonner le régime car, rappelons-le, il est très difficile de maintenir un régime à long terme. Reprennent alors les anciennes habitudes, souvent accompagnées de rages alimentaires. Une fois le régime cessé, le poids – et souvent quelques livres en plus – est repris. C'est l'effet de rebond. Le scénario se répète à plusieurs reprises et on observe que le poids diminue de moins en moins, tandis que les prises de poids augmentent, ce qui peut s'expliquer en partie par l'hyperplasie adipocytaire. Ce phénomène s'active lorsque le corps manque de cellules adipeuses (adipocytes) pour emmagasiner l'énergie consommée en trop. Le corps doit donc en créer de nouvelles, ce qui les fait augmenter en nombre et consiste en un processus irréversible. Résultat, le poids d'arrivée est plus élevé que le poids de départ. On démontre aussi que le « yo-yo » provoque des répercussions très négatives sur la santé physique (Strohacker *et al.*, 2009), sans compter qu'à chaque reprise de poids, il est fréquent d'observer une culpabilisation ainsi qu'une responsabilisation de « l'échec du régime ». Pourtant, le régime est voué à l'échec. Malheureusement, ce n'est pas ce qui est retenu par la personne, souvent persuadée qu'elle est à blâmer. Cette dernière demeure ainsi très, sinon plus, insatisfaite de son poids.

Figure 6.2 Phénomène du poids yo-yo

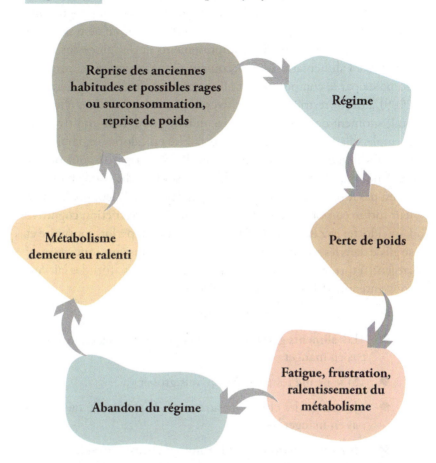

La restriction alimentaire…

Le concept de restriction alimentaire (aussi appelé restriction cognitive) fait son entrée dans la littérature vers 1975 et permet d'expliquer que la surconsommation observée chez certaines personnes est bel et bien le fruit de processus mentaux liés à la nourriture et non d'un dérèglement métabolique. La restriction alimentaire consiste en l'action de se priver d'un certain aliment ou de s'en limiter. Elle peut être difficile à reconnaître étant donné que l'aliment peut être consommé. Certes, l'ingestion peut être présente, mais ce sont les cognitions qui l'accompagnent qui sont restrictives. Cette forme de restriction désigne ainsi l'ensemble des comportements et des processus mentaux liés à l'alimentation qui découlent d'une intention de contrôle du poids par le comportement alimentaire (Apfeldorfer et Zermati, 2009). Lors de restrictions cognitives, la personne choisit ses aliments ou le moment de s'alimenter de façon réflexive et non intuitive. Par exemple, elle tend vers des aliments faibles en calories ou choisit de ne pas s'alimenter, non pas parce qu'elle n'en a pas le goût ou n'a pas faim, mais bien parce que l'aliment est «interdit» ou le moment «n'est pas le bon». Chez les personnes insatisfaites de leur poids ou de leur forme corporelle, on observe davantage de restriction cognitive (Apfeldorfer et Zermati, 2009). La restriction est parfois sournoise et se glisse dans les habitudes alimentaires. Ainsi, plusieurs sont ceux qui croient, à tort, ne pas se restreindre. Voici quelques attitudes laissant sous-entendre des restrictions cognitives:

- «Je ne mange pas entre les repas»;
- «Les aliments gras font grossir et pour cette raison, je ne dois pas en manger»;
- «Si je ne me restreins pas, je vais grossir»;
- «Je mange des chips en entretenant la pensée "je ne devrais pas en manger"»;
- «Je mange du fromage et je rumine la pensée "c'est la dernière fois que j'en mange"»;
- «J'évite seulement les sucreries»;
- «Je dois arrêter de grignoter».

... *favorise la surconsommation*

Deux phénomènes de surconsommation sont observés chez les personnes qui tentent de perdre du poids en tentant de contrôler leur alimentation. Tout d'abord, chez les personnes qui présentent de fortes restrictions cognitives, le désir de manger l'aliment qualifié d'interdit est supérieur que chez celles qui ne se restreignent pas (Polivy *et al.*, 2005). En effet, un aliment interdit est d'autant plus attirant pour le cerveau. Ces personnes doivent donc lutter davantage contre leur désir. Toutefois, elles auront un jour accès à l'aliment interdit et pour plusieurs, ce moment sera illustré par une surconsommation. On observe en effet une plus grande prévalence de surconsommation chez les personnes qui se restreignent que chez celles qui mangent intuitivement (Markowitz *et al.*, 2008). Étant donné qu'il est qualifié comme étant interdit, l'aliment est consommé sans égard aux signaux de faim et de satiété, et généralement beaucoup plus rapidement, sans le savourer. C'est un phénomène de désinhibition où certaines personnes perçoivent l'ingestion d'un aliment interdit comme une transgression de règles ouvrant la porte à la « possibilité » de manger davantage de cet aliment.

> Chez les personnes insatisfaites de leur poids ou de leur forme corporelle, on observe davantage de restriction cognitive.

Ensuite, lorsque la prise alimentaire est repoussée trop longtemps, le corps est en mode famine, ce qui augmente la probabilité d'une surconsommation. Cette dernière est tout à fait normale. Être affamé signifie que le corps est en carence. Il doit refaire ses réserves d'énergie en toute urgence. C'est donc suivant cette urgence que l'aliment est consommé. Comme le signal de satiété a besoin de temps pour se rendre de l'estomac au cerveau, le fait de manger rapidement et en urgence favorise la surconsommation. Une fois le signal de satiété capté par le cerveau, il est généralement trop tard : la surconsommation a déjà eu lieu.

La surconsommation active des émotions désagréables telles la honte, la culpabilité et la frustration, qui sont habituellement gérées par un retour à la restriction. Il va sans dire que la restriction favorise et maintient la surconsommation, comme l'illustre la figure 6.3. Afin de cesser la surconsommation, la seule option est de cesser la restriction.

| **Figure 6.3** | Cycle restriction-surconsommation |

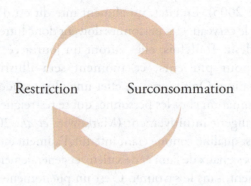

Effets néfastes des régimes restrictifs

Selon les moyens utilisés, du pourcentage de poids perdu sur une période donnée, de la vitesse de la perte, de la fréquence des tentatives de perte de poids, de l'état de santé de la personne et de ses caractéristiques physiologiques, les régimes peuvent avoir plusieurs conséquences physiques et psychologiques néfastes (Extenso, 2015).

Les conséquences physiques à court terme regroupent les troubles digestifs, la fatigue, l'hypotension, des maux de tête ou étourdissements, une intolérance au froid, des crampes musculaires et même la perte de cheveux. À long terme, les risques sont une carence alimentaire, une prise de poids, un déséquilibre électrolytique, une arythmie cardiaque (jusqu'à l'arrêt), une perte du muscle cardiaque et une diminution de la masse osseuse. Ces deux dernières conséquences sont irréversibles. Poussée à l'extrême, la restriction alimentaire peut même mener au décès.

Au niveau psychologique, les risques sont des difficultés de concentration et d'attention, des symptômes dépressifs et anxieux, une augmentation du stress, une irritabilité et une modification de l'humeur, une diminution de l'estime de soi, un maintien des insatisfactions corporelles et une augmentation

> des préoccupations à l'égard du poids et de l'alimentation, un isolement social et un plus grand risque de trouble des conduites alimentaires.
>
> Le prix est cher payé pour une promesse de perte de poids qui ne se maintiendra pas à long terme. Non ?

Et le pèse-personne dans tout ça ?

L'utilisation régulière d'un pèse-personne répond habituellement à un besoin de contrôle du poids. On observe que la personne utilisatrice entretient généralement des cognitions, comprenant souvent des distorsions, liées à la prise et à la perte de poids, aux aliments « sains » et « interdits », et à différentes actions (s'entraîner, manger, se restreindre). La personne peut avoir besoin de vérifier que le dessert de la veille n'était pas « de trop ». Avoir besoin de valider un bien-être corporel ressenti dans ses vêtements plus amples. Avoir besoin de confirmer la possibilité (ou le droit) de déjeuner. Avoir besoin d'attester de la réussite du plan d'entraînement. On remarque cependant que cette utilisation a un coût, soit celle de maintenir une préoccupation corporelle tout comme certaines distorsions cognitives.

L'utilisation régulière du pèse-personne contribue à un contrôle externe du poids et de l'alimentation, au détriment du contrôle interne.

La stabilité du poids est illustrée par de légères variations régulières. Une, deux ou même cinq livres de plus ou de moins sur le pèse-personne ne signifie pas nécessairement une prise ou une perte de gras. De plus, le poids ne comprend pas qu'une masse grasse. Il comprend aussi la masse maigre (les tissus conjonctifs, l'eau, les os, les muscles, les organes) et est influencé par plusieurs facteurs (digestion, (dé)hydratation). Malheureusement, une utilisation régulière du pèse-personne encourage une surveillance aussi malsaine qu'inefficace et inutile en termes d'image corporelle. Malgré tout, plusieurs peinent à diminuer leur utilisation du pèse-personne. Afin d'en favoriser le délaissement, il est utile de se questionner sur le pouvoir relayé à ce pèse-personne. On observe en effet que suivant son utilisation, il peut arriver que certaines personnes modifient leur alimentation dans le but, soit de se récompenser («je peux enfin manger du chocolat»), ou de se punir («je dois sauter un repas»). L'humeur en est aussi affectée, autant positivement que négativement. Cela dit, l'humeur positive sera éphémère et cédera rapidement sa place à l'anxiété. L'utilisation régulière du pèse-personne contribue à un contrôle externe du poids et de l'alimentation, au détriment du contrôle interne (les signaux de faim et de satiété, les préférences alimentaires, la satisfaction de son image corporelle). Elle contribue aussi à maintenir la pensée qu'il soit possible et nécessaire de contrôler son poids ainsi que l'idée qu'il soit «mal» de prendre du poids. Elle maintient la pensée que le poids n'est le résultat que de deux facteurs, soit l'alimentation et l'exercice, ce qui est faux (voir chapitre 7).

En bref

- Plusieurs raisons motivent le désir de perte de poids, et les régimes sont généralement les moyens de contrôle du poids privilégiés. Pourtant, ces derniers peuvent déclencher des effets physiques et psychologiques néfastes assez importants;
- Les régimes et le pèse-personne maintiennent les préoccupations liées au corps et à l'alimentation, et la restriction maintient la surconsommation;
- Les concepts de la survie de l'organisme et de la restriction expliquent pourquoi les régimes ne fonctionnent pas à long terme et une prise de poids suivra l'arrêt du régime dans environ 95 % des cas.

CHAPITRE 7
QUELS SONT LES LIENS ENTRE L'IMAGE CORPORELLE ET LE POIDS, L'ALIMENTATION ET L'EXERCICE ?

Le « poids santé » est un terme utilisé pour indiquer qu'il se situe dans un indice de masse corporelle (IMC) associé à un plus faible risque de développer certaines maladies. En effet, l'IMC est la mesure médicale la plus répandue pour évaluer le statut pondéral et la trajectoire développementale d'une personne. Toutefois, ce calcul mathématique (poids en kg/taille en m²) n'est qu'un outil parmi tant d'autres utilisé pour qualifier le poids d'une personne. De nos jours, plusieurs professionnelles et professionnels délaissent cette pratique parce qu'elle ne permet pas de prendre en compte plusieurs autres variables importantes, comme la génétique, l'ossature, la masse musculaire et l'histoire pondérale. L'utilisation du « poids santé » comme mesure ne permet aucunement de connaître l'image corporelle d'une personne ni son état de santé réel (voir chapitre 8). Qui plus est, tenter de contrôler son poids pour en atteindre un considéré « santé » par cette mesure peut favoriser la mise en place de comportements de contrôle alimentaire et influencer négativement la relation que la personne entretient avec son corps. Il est utile de se le rappeler : l'image corporelle est la perception du corps, et non le poids du corps. Il est possible d'avoir une image corporelle positive à n'importe quel poids, tout comme présenter de l'insatisfaction corporelle à n'importe quel poids.

> Il est possible d'avoir une image corporelle positive à n'importe quel poids, tout comme présenter de l'insatisfaction corporelle à n'importe quel poids.

Le modèle du poids naturel

Le modèle du poids naturel est largement utilisé dans le domaine de l'image corporelle. Les dernières recherches sur le sujet suggèrent des variations dans le modèle, mais n'arrivent pas encore à un consensus sur un modèle précis (Müller *et al.*, 2018). Tout de même, on retient qu'il existerait un poids naturel, majoritairement génétiquement programmé qui se régulerait de lui-même selon des facteurs internes et externes. Ce poids se stabiliserait sans régime ni restriction, tout en variant à l'intérieur de marges prédéterminées (les variations naturelles du poids). On atteindrait notre poids naturel en ayant un équilibre alimentaire qui permette de répondre aux besoins du corps et en maintenant une pratique d'activité physique régulière. Ce poids est celui où notre corps se sent bien et avec lequel il a un fonctionnement optimal. Comme les comportements sont centrés sur les besoins du corps, ses signaux et une bonne gestion des émotions, ils permettent de diminuer considérablement les préoccupations liées à l'image et au poids et vont de pair avec le développement d'une relation saine avec son corps et avec la nourriture. Le poids naturel peut être dans ce qui est considéré la norme du « poids santé », comme il peut être en dessous ou au-dessus. Il peut fluctuer au cours de la vie, se dérégler à la suite de facteurs externes (comme les régimes à répétition) et il varie en fonction de l'âge. Pour l'instant, on ne peut pas déterminer à l'avance le poids naturel. On le connaît donc une fois atteint.

Alimentation intuitive et image corporelle

L'alimentation intuitive est un modèle basé sur les données probantes, développé en 1995 par Evelyne Tribole et Elyse Resch, deux nutritionnistes américaines. Ce modèle, proposant dix principes, encourage à respecter ses signaux corporels et à s'y connecter, ainsi qu'à supprimer les obstacles vers une harmonie entre le corps et l'alimentation. Les principes de l'alimentation intuitive permettent de développer des comportements alimentaires équilibrés qui sont associés à un bien-être, à une diminution des préoccupations liées au poids et à l'apparence et au maintien du poids naturel à long terme. En effet, une méta-analyse récente a démontré que plus l'alimentation intuitive était présente, moins on observait de comportements alimentaires problématiques, de perturbations d'image corporelle et de psychopathologies. L'alimentation intuitive est positivement associée, entre autres, à une image corporelle positive et une bonne estime de soi (Linardon *et al.*, 2021b).

10 principes de l'alimentation intuitive (Tribole et Resch, 2020)

1. Rejeter la mentalité régime et la croyance qu'il existe une alimentation « parfaite », et accepter que celle-ci soit diversifiée, flexible et adaptée aux besoins de chacun.
2. Honorer sa faim. Le corps envoie un signal de faim en ayant confiance qu'il soit écouté en temps adéquat. Accepter de manger lors de ce signal et respecter ce besoin corporel vital.

3. Faire la paix avec la nourriture et cesser toute forme de restriction alimentaire en comprenant que cette restriction amène et maintient la surconsommation.

4. Défier la police des aliments. Cesser la catégorisation des aliments en « bons » et « mauvais » ou en en plaçant certains sur un piédestal.

5. Reconnaître le signal de satiété, ce moment où son corps n'a plus faim, et l'écouter en cessant de s'alimenter à ce moment.

6. Découvrir la satisfaction de manger en faisant de cet acte une expérience permettant la satisfaction de tous les sens.

7. Reconnaître et gérer ses émotions en écoutant le message qu'elles envoient afin de diminuer le comportement de manger ses émotions.

8. Accepter son corps et son poids naturel et développer une bienveillance à leur égard.

9. Bouger pour le plaisir, se concentrer sur les mouvements et sensations corporelles au lieu de centrer son attention sur la dépense calorique.

10. Prendre soin de sa santé en s'offrant une nutrition bienveillante. Nul besoin d'une alimentation parfaite à tous les repas pour être en bonne santé. Miser sur une alimentation régulière et équilibrée sur le long cours.

Distinguer la faim physiologique de la faim psychologique

> La faim physiologique doit pouvoir satisfaire aussi les sens pour que les aliments soient savoureux, invitants et goûteux, sinon la faim psychologique sera activée.

La faim physiologique indique un besoin de base non répondu et la ressentir nous pousse à manger pour vivre. La faim psychologique nous pousse à manger pour satisfaire nos sens ou pour répondre à un besoin secondaire, comme la gestion d'une émotion. Elle nous amène à manger même si le corps ne demande pas de carburant. Manger occasionnellement lors de ce type de faim n'a rien de grave en soi. Si cela devient une habitude, cela peut contribuer au développement de mauvaises habitudes de vie. Toutefois, la faim physiologique doit pouvoir satisfaire aussi les sens pour que les aliments soient savoureux, invitants et goûteux, sinon la faim psychologique demeurera activée. C'est ce qui arrive lors d'un repas décevant où les aliments ne répondent pas à nos envies et comblent uniquement les besoins en énergie. Après le repas… la faim est toujours présente. C'est le cerveau qui s'occupe d'envoyer le message que le repas n'était pas satisfaisant.

Exemples de signaux de faim

À chacun ses signaux. Toutefois, on observe généralement l'estomac qui gargouille, une sensation de vide ou de creux dans l'estomac, une baisse d'énergie, une difficulté de concentration ou un mal de tête. L'important, c'est de connaître son corps pour reconnaître ses signaux qui peuvent augmenter en intensité plus la faim augmente. C'est comme une alarme qui sonne doucement et dont la tonalité devient de plus en plus forte tant qu'on ne l'éteint pas.

Exemples de faim psychologique

La faim psychologique se manifeste à n'importe quel moment, même tout de suite après avoir mangé. Voir une publicité d'un restaurant et avoir le goût de manger le mets présenté, sentir les pâtisseries à un kiosque et avoir l'eau à la bouche, humer l'odeur des baguettes de pain fraîchement préparées et saliver à l'idée de briser une baguette en deux, avoir envie de manger pour prendre une pause et se récompenser d'une tâche, ressentir une émotion et vouloir manger pour se calmer ou se détendre en sont quelques exemples. Il est tout à fait normal de succomber ou même de choisir volontairement de répondre à une faim psychologique. Tout de même, lorsqu'elle se manifeste, il peut être utile de se rappeler qu'il est possible de manger les aliments lorsqu'une faim physiologique se présentera, ou encore de se demander quelle émotion a besoin à ce moment d'être écoutée.

Reconnaître les signaux de satiété et y réagir adéquatement

Le signal de satiété n'est pas instantané. Environ 20 minutes sont nécessaires pour qu'il soit capté. Pour s'aider, il est possible de prendre des pauses pendant le repas et de se poser la question « ai-je encore faim ? », de prendre son temps, de savourer les aliments, d'éviter les distractions comme la télévision et de favoriser les repas pris en famille ou entre amis. Lorsque la faim diminue, le cerveau réagit en encourageant la personne à arrêter de manger. Il est alors possible de remarquer que les aliments semblent moins savoureux et sont moins attirants visuellement. Au restaurant, il est fréquent que les assiettes soient très copieuses. Il est donc possible de rapporter ses restes. Envie d'un dessert ? Il est utile de le prévoir et de se garder une place. Difficile de « gaspiller » des aliments dans l'assiette ? Il peut être utile de se rappeler qu'ils sont gaspillés de toute façon si la satiété est présente. En les consommant outre la faim, les signaux corporels sont niés et non respectés. C'est comme arroser une plante qui déborde d'eau. Finalement, nul besoin d'attendre d'avoir l'estomac trop distendu pour cesser de manger (« être trop plein »). Une sensation agréable d'être rempli est privilégiée.

Pour plusieurs, ce sont des comportements qui peuvent être nouveaux, difficiles à appliquer, ou parfois oubliés. Il est important de se donner la chance de les développer tranquillement et d'y aller un petit pas à la fois. Il est possible que ces comportements ne puissent être présents à toutes les prises alimentaires et il est tout aussi utile de rappeler qu'il est impossible de cesser de manger à la seconde près où la satiété est ressentie. On cherche à mettre en place ces comportements régulièrement, du mieux qu'on peut, tout en demeurant flexible et bienveillant.

Activité physique et image corporelle

Plusieurs études démontrent un lien positif entre la pratique régulière d'une activité physique et l'image corporelle, et ce, tant chez les hommes que chez les femmes. En effet, une méta-analyse récente a démontré que les personnes qui pratiquaient une activité physique présentaient une image corporelle plus positive que celles qui n'en pratiquaient pas (Bassett-Gunter *et al.*, 2017). Plus encore, ce lien était

> L'activité physique permet à la personne d'améliorer sa condition physique et de rester active, d'augmenter sa conscience corporelle et d'augmenter son sentiment d'autoefficacité.

présent qu'il y ait de faibles changements au niveau de l'apparence, ou encore qu'ils soient nuls. On en comprend que ce ne sont pas les changements corporels conséquents à la pratique d'activité physique qui ont un impact sur l'image corporelle, mais bien la pratique de l'activité physique en soi (Bassett-Gunter *et al.*, 2017).

L'activité physique permet à la personne d'améliorer sa condition physique et de rester active, d'augmenter sa conscience corporelle et d'augmenter son sentiment d'autoefficacité. On tend à penser que ces bienfaits permettent de diminuer l'accent mis sur l'apparence physique. La personne peut se centrer davantage sur ce que son corps lui permet de faire, plutôt que ce qu'il paraît être. L'activité physique permet de prendre possession de son corps. Parallèlement, les personnes présentant une image corporelle positive semblent plus enclines à s'investir dans une activité physique.

Quelques bienfaits de l'activité physique

L'activité physique possède plusieurs bienfaits largement étudiés et on considère qu'elle devrait faire partie de toute routine, peu importe sa composition. En effet, elle possède de nombreux avantages sur les systèmes digestif, musculosquelettique, circulatoire, cardiovasculaire et immunitaire, de même que sur la santé psychologique (Warburton *et al.*, 2006). Certains spécialistes la qualifient même d'antidépresseur naturel.

Principalement, elle améliore la digestion, elle augmente la dépense énergétique du corps et permet, entre autres, de consommer l'adrénaline et le cortisol libérés lors du stress. Elle permet de conserver la masse musculaire et améliore la santé cardiovasculaire. Elle diminue le stress et permet de régulariser les émotions et l'appétit. Elle déclenche de la sérotonine, ce qui augmente le niveau de bonheur dans le cerveau. Elle augmente la concentration, l'attention, la capacité de mémoire à long terme et la capacité de résolution de problèmes en déclenchant de la dopamine. En déclenchant de l'endorphine, elle diminue la douleur et améliore l'humeur. Elle diminue les risques d'ostéoporose, améliore la posture, l'équilibre et la souplesse et favorise le bon fonctionnement du système immunitaire.

Intégrer l'activité physique et la pratiquer pour le plaisir

Tout comme intégrer les nouvelles pratiques alimentaires centrées sur les besoins corporels, intégrer l'activité physique à une routine peut être ardu. Afin de favoriser une intégration d'activité physique qui deviendra régulière, il peut être utile d'identifier des comportements plus simples à modifier, tels que prendre l'escalier, descendre de l'autobus quelques arrêts à l'avance ou garer sa voiture à l'extrémité du stationnement. Pour améliorer ses chances de faire une activité régulièrement, il importe de choisir une activité qui s'harmonise à sa personnalité et à son horaire. L'activité devrait aussi pouvoir se pratiquer dans des vêtements confortables, au moment de la journée où l'énergie est la plus grande et dans un environnement respectueux. Le but étant d'inclure l'activité physique à une routine régulière, il est important que le choix d'activité et sa fréquence soient possibles à long terme. Les grands élans de motivation apportant des changements significatifs sur le plan de la routine sont rarement réalistes à long terme et finissent par cesser. Il est plus réaliste de débuter lentement, mais sûrement. Trois grandes catégories regroupent les activités physiques, soient les activités d'endurance, de développement de la force et d'équilibre et les activités d'assouplissement. Au total, plusieurs dizaines d'activités physiques sont possibles. L'objectif, c'est de trouver celles desquelles on retire du plaisir et qui sont réalistes dans notre horaire.

> Les grands élans de motivation apportant des changements significatifs sur le plan de la routine sont rarement réalistes à long terme et finissent par cesser.

En bref

- L'image corporelle et le poids santé sont deux concepts différents, et on devrait plutôt miser sur le poids naturel. Ce dernier consiste en un poids prédéterminé, qui se régule de lui-même, à la suite de l'interaction de facteurs internes et externes ;

- Le respect de ses signaux corporels permet de développer une relation saine avec la nourriture et de répondre à ses besoins corporels, ce qui favorise une relation saine avec son corps ;

- L'alimentation intuitive est une pratique efficace face au développement et au maintien de comportements alimentaires équilibrés, au bien-être, à la diminution des préoccupations liées à l'apparence et au poids, au respect des signaux corporels, au maintien du poids naturel à long terme, à l'image corporelle positive et à une bonne estime de soi ;

- L'activité physique possède plusieurs bienfaits sur la santé physique et mentale et est associée à une image corporelle positive. Elle devrait être pratiquée régulièrement, et ce, pour le plaisir.

CHAPITRE 8
QUEL EST LE LIEN ENTRE L'OBÉSITÉ ET L'IMAGE CORPORELLE ?

Révisé par D^{re} Annie Aimé[1], psychologue et chercheuse

---

1. D^{re} Annie Aimé est professeure-chercheuse au département de psychoéducation et de psychologie de l'Université du Québec en Outaouais (UQO), psychologue et cofondatrice de la clinique Imavi. Ses travaux de recherche portent principalement sur l'image corporelle, l'alimentation et les troubles des conduites alimentaires, ainsi que sur la stigmatisation et l'intimidation en lien avec le poids.

Lorsque les inquiétudes parentales liées au poids de leur enfant sont abordées, on réalise rapidement que l'une des craintes centrales des parents est que leur enfant se fasse intimider à cause de son poids, crainte qui s'avère malheureusement exacte pour plusieurs (Jalbert, 2019). Les parents craignent également que leur enfant soit malheureux à cause de son poids, en mauvaise santé, exclu, moins apprécié des autres élèves et de ses professeures et professeurs ou qu'il ait l'air malade, paresseux ou sale à cause de son poids. Les inquiétudes des adolescent.e.s et des adultes sont semblables : peur des impacts sur la santé, peur d'être moins attirant.e.s, peur d'avoir moins de valeur, peur du jugement.

> Les inquiétudes face au poids prennent souvent leur source auprès de mythes qu'il importe de déconstruire.

Nombreux sont les adultes qui manquent d'information quant aux facteurs déterminants du poids d'une personne. De plus, les inquiétudes face au poids prennent souvent leur source auprès de mythes qu'il importe de déconstruire. Malheureusement, cette rééducation se frappe souvent à un obstacle de taille. En effet, la dissonance cognitive, cette tension interne qui s'active lorsque les informations entrent en contradiction avec un système de croyances ou d'attitudes internes d'une personne, bloque régulièrement le processus d'apprentissage.

Mythes courants sur le surpoids et l'obésité

Les personnes qui présentent un surpoids ou de l'obésité :

- … ne prennent pas soin d'elles ;
- … manquent de volonté ;
- … mangent trop ;
- … sont inactives ;
- … sont en mauvaise santé ;
- … doivent perdre du poids.

Plusieurs recherches se sont intéressées aux risques de l'obésité sur le développement, entre autres, des maladies cardiovasculaires ou du diabète. Contrairement à ce qui était attendu, ces recherches ont permis de découvrir que l'obésité est parfois associée à un plus faible risque de certaines maladies et à une plus grande longévité. C'est ce que les chercheuses et chercheurs ont nommé «le paradoxe de l'obésité» (Barry *et al.*, 2014). Les spécialistes de l'obésité expliquent que la localisation de la graisse est un facteur plus important quand vient le temps de comprendre les impacts de l'obésité sur la santé d'une personne. Ainsi, une personne présentant une obésité peut présenter moins de risques pour sa santé qu'une personne dont le poids est qualifié de santé, mais qui a plus de graisses au niveau de l'abdomen (graisse viscérale) (Bosomworth, 2019). Les habitudes de vie telles que le tabagisme, la sédentarité et les choix alimentaires, le poids yo-yo ainsi que les régimes à répétition sont, eux aussi, associées à des risques plus élevés de développer des problèmes de santé. Une personne dont le poids est au-dessus de la norme considérée santé et qui présente de bonnes habitudes de vie peut être moins à risque de rencontrer des problèmes de santé qu'une personne dont le poids est dans la norme ou qui présente une maigreur, mais dont les habitudes de vie sont malsaines, ou encore qui a fait de nombreux régimes amaigrissants.

Les facteurs déterminant le poids d'une personne sont très complexes et il est important de restructurer la croyance simpliste proposant que le poids ne soit que le résultat d'une suralimentation et d'une sédentarité. Plusieurs facteurs sont responsables du poids d'une personne et ils sont très souvent oubliés ou méconnus et plusieurs sont hors du contrôle de la personne. La génétique et l'environnement représentent les deux catégories principales (Obésité Canada, 2020).

Tout d'abord, nous savons maintenant que l'enfant dont un parent présente une obésité a une plus grande probabilité de développer une obésité. L'hérédité, le métabolisme de base (quantité d'énergie que le corps dépense, au repos, pour maintenir le fonctionnement normal des cellules du corps) ainsi que les maladies expliquent à elles seules une grande partie du poids d'une personne tout comme l'âge, les facteurs hormonaux (telle la ménopause) et l'arrêt du tabagisme.

Ensuite, les comportements alimentaires sont d'autres facteurs importants. Restrictions ou mauvaises habitudes alimentaires (manque de régularité alimentaire ou de variété dans le choix des aliments, repas qui ne sont pas pris en famille), récompense et/ou punition en lien avec l'alimentation, sont autant d'éléments qui contribuent au développement d'une relation malsaine avec la nourriture et à la prise de poids. Plusieurs facteurs socio-économiques peuvent aussi expliquer le choix et l'accessibilité des aliments associés à l'obésité. Des facteurs tels que la faible pratique d'activité physique, la sédentarité, le manque de sommeil, la présence de stress, la détresse profonde, la prise de certains médicaments, le tabagisme et la consommation d'alcool contribuent aussi au poids d'une personne (Pigeon, 2012).

Directives canadiennes en matière de mouvement sur 24 heures

Le Canada s'est récemment doté de lignes directrices fournissant des conseils sur la quantité optimale et la meilleure combinaison d'activité physique, de comportement sédentaire et de sommeil. Les directives, relevant d'une approche intégrée mettant en évidence l'importance de tous les comportements de mouvement sur une période de 24 heures, sont disponibles en ligne et sont divisées par tranches d'âge : 0-4 ans, 5-17 ans, 18-64 ans et 65 ans et plus.[1]

Quelques termes à définir

La **stigmatisation liée au poids** fait référence à la dévalorisation sociale et au dénigrement des personnes en raison de leur poids, et peut conduire à des attitudes négatives, des stéréotypes, des préjugés et de la discrimination (Rubino *et al.*, 2020). *Exemple : les personnes dont le poids est très élevé sont toutes paresseuses.*

La **discrimination liée au poid**s fait référence à des formes générales de préjugés et de traitements injustes (comportements remplis de préjugés) envers les personnes dont le poids est plus élevé (Rubino *et al.*, 2020). *Exemple : les personnes dont le poids*

---

1. https://csepguidelines.ca/fr/

> est très élevé rapportent un salaire de base moindre que les personnes minces (Schulte et al., 2007) et les femmes présentant un poids plus élevé présentent moins de chances d'être embauchées que leurs comparses ayant un poids plus faible (Flint et al., 2016).
>
> L'**intimidation en raison du poids** fait référence aux actions de dominance et d'abus de pouvoir ayant pour effet d'engendrer des sentiments de peur ou de détresse chez les personnes dont le poids est plus élevé. *Exemple : rire d'une personne ou lui refuser une faveur en raison de son poids.*
>
> La **grossophobie** est le terme populaire utilisé pour parler de stigmatisation, de discrimination et d'intimidation. La grossophobie inclut à la fois les préjugés (croyances et attitudes) et les comportements (intimidation et discrimination) en lien avec le poids d'une personne.

Intolérance face au surpoids

Les préjugés face au poids sont communs. L'intolérance et la discrimination face au surpoids sont souvent observées, que ce soit au travail, à l'école, dans les établissements de soins de santé, dans la société en général et même au sein des familles. En effet, la discrimination à l'égard du poids semble aussi, sinon plus, présente que celle fondée sur la race ou le genre. Malheureusement, cette forme de discrimination est socialement acceptée et est entretenue par plusieurs biais. Les attitudes peuvent prendre la forme d'attributions d'étiquettes négatives aux personnes présentant une obésité (« elles sont paresseuses ») et les comportements, de tout traitement injuste ou d'intimidation. On rapporte que le poids est la cause première d'intimidation chez les élèves du secondaire. En effet, 90 % des jeunes ont rapporté en avoir été témoin (ASPQ, 2014b). Pour leur part, jusqu'à 40 % des adultes déclarent avoir subi des expériences de stigmatisation liées à leur poids (Puhl *et al.*, 2020).

> La discrimination à l'égard du poids semble aussi, sinon plus, présente que celle fondée sur la race ou le genre.

Nous savons maintenant que les jeunes qui présentent une obésité sont plus à risque d'être victimes de stigmatisation en lien avec leurs poids, non seulement de la part de leurs pairs, mais aussi de leurs parents, de leurs éducatrices ou éducateurs, du personnel enseignant et des membres de la direction, et sont plus nombreux à démontrer de l'insatisfaction corporelle (ASPQ, 2014b ; Pudney *et al.*, 2019). De plus, on démontre que lorsque l'intimidation provient de plusieurs sources (école, parents, pairs), elle est associée à une adaptation scolaire plus problématique que lorsqu'elle ne provient que d'une seule source (désir d'abandonner l'école, sentiment d'appartenance plus faible à l'école) (Stamate *et al.*, article sous presse). Ces enfants présentent aussi une estime de soi plus faible, davantage de symptômes anxieux, dépressifs et de comportements alimentaires malsains (ASPQ, 2014b). Les risques observés chez les adultes sont semblables, et ces derniers sont aussi plus à risque d'être victimes de stigmatisation sur les lieux de travail. Malheureusement, peu nombreux sont ceux qui dénoncent cette forme de violence, ce qui contribue à son maintien.

Le personnel professionnel de la santé n'y échappe pas. Selon Obésité Canada, plus de 60 % des adultes présentant une obésité ont vécu une expérience de discrimination liée au poids de la part d'une professionnelle ou d'un professionnel de la santé (Vogel, 2019). Certaines études rapportent que les temps de consultation médicale étaient moindres avec les personnes qui présentent une obésité et que ces personnes avaient jusqu'à 65 % plus de risques d'avoir un mauvais diagnostic sur leur état de santé ou encore de recevoir des traitements inadéquats (Papillon, 2019). Plusieurs études américaines ont montré qu'une proportion importante des professionnelles et professionnels de la santé négligeaient les personnes qui présentent une obésité, entretenant la croyance « qu'elles n'en valaient pas la peine » (Obésité Canada, 2020). Les biais liés au poids sont aussi observés chez les infirmières et infirmiers, la communauté étudiante en médecine, les nutritionnistes, les psychologues et les spécialistes de l'activité physique qui croient que les efforts de traitement sont vains, et que le traitement de l'obésité est insatisfaisant (Puhl et Heuer, 2009). Ces professionnelles et professionnels entretiennent des pensées stéréotypées telles que ces personnes sont paresseuses, indisciplinées, manquent de maîtrise de soi, ne se conforment pas au traitement, et que ces caractéristiques psychologiques sont les causes centrales de l'obésité plutôt que des facteurs génétiques ou environnementaux (Sabin *et al.*, 2012).

Certains croient qu'en humiliant les personnes qui présentent une obésité, ou en pointant du doigt leurs habitudes alimentaires, elles seront plus motivées à perdre du poids et s'investiront dans des comportements alimentaires restrictifs et une routine d'exercices physiques (Callahan, 2013). Toutefois, la réalité est tout autre et cette stigmatisation est lourde de conséquences.

En effet, la stigmatisation à l'égard du poids semble liée à (Rubino *et al.*, 2020) :

- Une augmentation du niveau de stress ;
- Une diminution de l'estime de soi ;
- Un plus grand risque de suralimentation et d'une prise de poids, jusqu'à un risque d'obésité ;
- Une augmentation des préoccupations face au poids et à l'apparence ;
- Une augmentation du risque de dépression (les enfants ont de 2 à 3 fois plus de risques de développer des idées suicidaires) ;
- Une augmentation du risque de développer un trouble des conduites alimentaires ;
- Un plus grand risque d'isolement ;
- Un évitement de l'activité physique ;
- Un maintien et une augmentation de l'obsession collective sur le standard unique de beauté et une internalisation des biais liés au poids.

> **Initiative québécoise**
>
> En 2016, Gabrielle Lisa Collard, lance son blogue « Dix Octobre » afin d'aborder les enjeux liés à la grossophobie. À ce moment, Gabrielle est une des premières militantes à sensibiliser le public sur les questions de la grossophobie et devient une influence pour plusieurs autres par la suite.[2]

L'internalisation des biais liés au poids

Le processus d'internalisation des biais liés au poids en est un d'autostigmatisation. La personne prend conscience des stéréotypes négatifs sur son poids et devient en accord avec eux. Par conséquent, ce processus amène la personne à s'engager dans un dénigrement (de soi et des autres) en réponse à la stigmatisation liée au poids exprimée et adoptée par les autres. Elle aura tendance à croire qu'elle a quelque chose à se reprocher, qu'elle est responsable de son état et développera des attitudes et des comportements qui concordent avec ces jugements, comme de se critiquer et de responsabiliser les personnes qui présentent une obésité, émettre des jugements concernant ses comportements alimentaires ou ceux des autres, ou s'isoler ou exclure d'autres personnes de certaines activités en raison du poids.

Quels qualificatifs vous viennent à l'esprit instinctivement quand vous pensez à une personne dont le poids est plus élevé ?

Chez les adultes présentant un surpoids ou une obésité, ce serait entre 40 % et 50 % qui présenteraient une internalisation des biais liés au poids. Cette internalisation se présenterait chez les personnes de tout poids, mais elle est davantage observée chez celles présentant un indice de masse corporelle plus élevé qui sont en démarche de perte de poids (Puhl *et al.*, 2018). Elle serait par ailleurs plus présente chez les femmes. Les recherches indiquent qu'elle est dommageable pour la santé mentale, indépendamment du poids réel et des expériences de stigmatisation auxquelles la personne a fait face. Plus précisément, elle

---

2. https://www.dixoctobre.com/

est associée à un plus haut niveau de dépression, d'anxiété, d'image corporelle négative et de comportements alimentaires problématiques (Puhl et Himmelstein, 2018).

> **Entretenez-vous des biais liés au poids?**
>
> Les biais liés au poids sont appris, tout comme on apprend les attitudes racistes ou sexistes. Quels qualificatifs vous viennent à l'esprit instinctivement quand vous pensez à une personne dont le poids est plus élevé? Avez-vous tendance à juger de son état de santé? Avez-vous tendance à lui attribuer des qualités ou des défauts? Avez-vous tendance à l'associer à une réussite ou à un échec personnel, familial ou professionnel? Les associations négatives représentent des biais liés au poids. Ces derniers sont répandus et influencent notre conceptualisation du poids ainsi que nos relations.

Quelques pistes pour diminuer les biais internes et externes liés au poids :

- Essayer de ne pas se fier à ses premières impressions ;
- Développer ses relations et apprendre à connaître les personnes pour qui elles sont ;
- Se souvenir que les préjugés sont une déformation de la réalité ;
- Prendre conscience que certaines pensées sont entretenues par des préjugés et développer un argumentaire permettant de réduire leur importance ;
- Garder pour soi les préjugés afin d'en cesser la contagion ;
- Abolir les conversations axées sur le poids (*fat talk*) ;
- Faire preuve d'ouverture et développer ses connaissances sur les facteurs qui déterminent le poids d'une personne en lisant des textes ou en écoutant des balados proposés par des professionnelles et professionnels spécialisés ;
- Dénoncer la stigmatisation ouvertement ;
- Militer pour la diversité corporelle.

> **Initiative québécoise**
>
> Le 5 août 2019, Edith Bernier, diplômée en journalisme et blogueuse d'expérience, met sur pied le site « Grossophobie.ca – Infos & références », dont la mission est de « regrouper informations, références et ressources en un même endroit afin de faciliter le partage de connaissances et la sensibilisation sur la grossophobie ». Aucun organisme québécois spécialisé sur le sujet n'existait à ce moment et ce dernier a permis le transfert d'informations scientifiques à jour ainsi qu'une sensibilisation continue plus que nécessaire auprès du public.[3]

Parler de poids à son enfant

Les conversations axées sur le poids des enfants et des adolescent.e.s sont observées dans plusieurs familles. Les échanges peuvent inclure des commentaires sur leur poids ou leur apparence, des encouragements vers certains comportements de restriction alimentaire ou de contrôle du poids, ou des inquiétudes liées aux problèmes de santé. Vouloir que son enfant perde du poids pour des raisons de santé semble en contradiction avec son acceptation inconditionnelle et la protection de son estime de soi. C'est ainsi que plusieurs parents ont rapporté se sentir déchirés.

Les conversations axées sur le poids semblent plus fréquentes chez les parents qui ont eux-mêmes récemment suivi un régime et qui perçoivent leur enfant comme étant en surpoids. On pourrait penser que ces parents craignent que leur enfant vive la même chose qu'eux et désirent le protéger. Plus les mères commentent leur propre poids, le poids des autres ou celui de leurs enfants, plus elles encouragent ces derniers à développer des comportements de restriction alimentaire, et plus elles augmentent elles-mêmes la fréquence des régimes, plus on observe des effets négatifs chez les enfants. On observe notamment une faible estime de soi, des symptômes dépressifs, de plus grandes insatisfactions corporelles, une plus grande internalisation des biais liés au poids, un comportement de contrôle extrême du

---

[3]. http://grossophobie.ca/

poids, des comportements alimentaires problématiques (frénésie alimentaire, sauter des repas, vomissements, restrictions alimentaires) et une plus grande détresse émotionnelle. Ces résultats sont observés indépendamment du genre ou du poids des enfants (Puhl et Himmelstein, 2018). Toutefois, comparativement aux enfants présentant un poids considéré dans la norme, ceux présentant un surpoids ou une obésité ont tendance à signaler des réactions émotionnelles plus négatives en réponse aux mots que leurs parents utilisent pour décrire leur poids (Pudney *et al.*, 2019). Ainsi, les commentaires des parents sur le poids pourraient potentiellement exacerber les conséquences négatives chez ces enfants qui peuvent déjà se sentir stigmatisés et en détresse en raison de leur poids.

Ces données suggèrent que parler négativement du poids avec son enfant peut avoir des effets néfastes, même si les commentaires découlent de préoccupations au sujet de la santé ou d'intentions bienveillantes. Ces échanges devraient donc être évités. En contraste, les conversations parents-enfants qui se concentrent sur une relation saine avec son corps (fonctionnement du corps, diversité corporelle) et la nourriture (écouter ses signaux corporels, variété alimentaire, aucune restriction alimentaire) ou sur l'importance d'être actif physiquement pour le plaisir, et ce, sans parler de poids, semblent prévenir les comportements alimentaires problématiques, encourager le développement d'une relation saine avec la nourriture et avec son corps, et encourager le maintien du poids naturel (Pudney *et al.*, 2019). De plus, des interventions bienveillantes répondant aux besoins émotifs de l'enfant sont aussi à privilégier. Lors d'expériences d'intimidation liées au poids, l'enfant exprime effectivement le besoin de se sentir soutenu par ses collègues de classe et ses parents. Il est alors important que ces derniers puissent intervenir adéquatement en misant sur un processus de gestion adéquate des expériences et une validation émotionnelle (Puhl *et al.*, 2013).

Exemples de commentaires ou de questions adéquates :

- Que te dit ton corps en ce moment ?
- As-tu le goût de bouger ? Viens faire une activité avec moi.
- Comment sais-tu que tu as faim ? Que tu n'as plus faim ? Que tu es fatigué ?
- Es-tu confortable dans tes vêtements ?
- Je suis désolé.e que tu aies vécu cette expérience blessante.
- Personne ne devrait subir de telles expériences. Elles sont inacceptables.
- Tu n'as rien à te reprocher.

Les campagnes de sensibilisation et les activités

Sensibiliser le public, démystifier les idées préconçues sur le poids, favoriser une compréhension causale multifactorielle du poids, mettre fin à la stigmatisation liée au poids et encourager le développement de saines habitudes de vie sont des objectifs aussi utiles que nécessaires. Afin de respecter ces objectifs, on encourage les responsables des activités à opter pour des noms promouvant de saines habitudes de vie ou l'arrêt de comportements dommageables concrets comme :

- Journée mondiale contre la stigmatisation liée au poids ;
- Activité de sensibilisation à l'importance de l'activité physique ;
- Promotion de saines habitudes de vie.

En effet, une activité visant à « prévenir ou à traiter l'obésité » amène des effets possiblement délétères, comme le maintien de la stigmatisation liée au poids, et envoie plusieurs messages à conséquences néfastes :

- On doit guérir la personne dont le poids est plus élevé ;
- La grosseur, ou l'obésité, ne devrait pas exister et doit être traitée ;

- Toutes les personnes dont le poids est plus élevé devraient en perdre ;
- Toutes les personnes dont le poids est plus élevé sont malheureuses, malades et devraient changer.

Une question de vocabulaire

Doit-on bannir le mot « gros » ? « Gros » est un adjectif, tout comme « grand », « petit », « maigre », « roux ». L'important, c'est de supprimer l'association entre « gros » et « négatif ». Une personne grosse est avant tout une personne ! On la décrit comme on décrit n'importe qui, avec ses qualités et ses défauts, ses compétences, ses habiletés. Oui, elle peut être plus grosse qu'une autre, comme elle peut aussi être plus petite ou plus grande qu'une autre. Pourquoi serait-ce important de nommer qu'elle soit grosse ? Peut-on parler de cette personne en ayant recours à ses qualités et compétences ?

Une revue de littérature conduite par une chercheuse spécialisée dans la stigmatisation liée au poids (Puhl, 2020) a mis en lumière la préférence des termes à utiliser pour parler de poids au sein de la population. Les résultats soulèvent une préférence pour les termes plus neutres comme « poids », et suggèrent d'éviter les termes à connotation plus péjorative comme « gros, grosseur » et « obèse, obésité ». Toutefois, on retient qu'il n'existe pas une seule et unique façon de parler de poids corporel ni aucun terme universel accepté de toutes et tous. Pour les professionnelles et professionnels de la santé qui doivent aborder le sujet avec les personnes qui les consultent, on suggère d'ouvrir la discussion et de leur demander ce qu'elles préfèrent comme terme.

En bref

- Les facteurs déterminant le poids d'une personne sont très complexes et il est important de restructurer la croyance simpliste proposant que le surpoids ne soit que le résultat d'une suralimentation et d'une sédentarité ;

- La discrimination face au surpoids est souvent observée, que ce soit au travail, à l'école, dans les établissements de soins de santé, dans la société en général et même au sein des familles ;

- La stigmatisation à l'égard du poids est liée à de nombreux effets néfastes et dévastateurs, comme une augmentation du niveau de stress, une augmentation du risque de dépression et d'isolement, ainsi qu'une diminution de l'estime de soi ;

- Il est important de diminuer les biais internes et externes liés au poids, notamment en essayant de ne pas se fier à ses premières impressions, en apprenant à connaître les personnes pour qui elles sont et en abolissant les conversations axées sur le poids (*fat talk*) ;

- Les parents devraient éviter toute forme de conversation axée sur le poids avec leur enfant, pour laisser la place aux conversations visant une relation saine avec la nourriture et avec le corps. Des interventions bienveillantes répondant aux besoins émotifs et sociaux de l'enfant victime d'intimidation liée au poids devraient aussi être privilégiées.

CHAPITRE 9
QU'EST-CE QUE LA DIVERSITÉ CORPORELLE ?

> **Une métaphore sur la diversité**
>
> La flore, quelle belle diversité ! Les arbres, les plantes, les fleurs. Toutes ces couleurs, toutes ces formes. Certaines fleurs ont des couleurs chaudes, d'autres plus froides. Certains arbres sont très fournis en feuillage, d'autres non. Quelques plantes sont plutôt grandes, tandis que d'autres, plutôt couvre-sol. Plusieurs arbustes ont des branches feuillues, quelques-uns présentent des épines, et d'autres sont plutôt souples. Des pétales longs, gros, petits, ronds, pointus. Des feuilles vertes, bourgognes, jaunes. Certains plants nécessitent beaucoup de soleil, d'autres beaucoup d'ombre. Plusieurs ont besoin de grandes quantités d'eau et d'autres, pratiquement aucune ! Bref, une diversité de couleurs, de formes, de styles, de grandeurs, de grosseurs, de besoins. La beauté de la flore réside dans sa diversité. Qui voudrait d'une flore unique ? La vie serait si triste avec cette monotonie !

La diversité corporelle est le concept se rapportant à une vision plus respectueuse de la différence et de la représentation réelle des corps humains. Elle comprend et respecte que tous les corps possèdent leurs caractéristiques uniques. Elle accepte et promeut l'idée qu'il existe une grande variété de corps, qu'ils sont tout aussi importants et qu'il est possible et important de s'accepter et d'aimer son corps autant que celui des autres. Ainsi, la diversité corporelle s'oppose au modèle unique de beauté et représente une valeur importante à prôner afin de développer une image corporelle positive. Il est irréaliste de s'attendre à ce que tous les enfants, adolescent.e.s et adultes aient un poids dans la norme attendue de la société, et la diversité corporelle comprend que le poids n'est pas une cible de modification comportementale. Elle ne s'attend ni ne demande que le poids change. Au contraire. Elle comprend que le poids est, tout simplement. Que le corps est, tout simplement.

La diversité corporelle s'oppose au modèle unique de beauté et représente une valeur importante à prôner afin de développer une image corporelle positive.

Charte québécoise pour une image corporelle saine et diversifiée

En 2009, le gouvernement du Québec, en collaboration avec les milieux de la mode, de la publicité, des médias, de la musique et de la vidéo, a adopté la Charte québécoise pour une image corporelle saine et diversifiée (CHIC) (Secrétariat à la condition féminine). Ce projet avait pour objectifs de « promouvoir une image corporelle saine et diversifiée, favoriser l'engagement du milieu de la mode, de la publicité, des médias, de la vidéo, de la musique, de la santé, de l'éducation et du gouvernement et encourager la mobilisation de la société autour de l'image corporelle, des problèmes liés à la préoccupation excessive à l'égard du poids, de l'anorexie nerveuse et de la boulimie ». Les activités reliées à la CHIC se sont déroulées du 1er avril 2010 au 31 mars 2015 et ont permis plusieurs actions concrètes, ciblant en priorité les jeunes filles âgées de 14 à 17 ans, ces dernières étant les plus vulnérables aux conséquences néfastes de l'exposition aux images de minceur extrême. En juin 2015, le comité de travail dresse un bilan positif de la CHIC et demeure ouvert à une reprise du projet lors d'un prochain plan d'action gouvernemental en égalité.

La CHIC se proposait d'être un guide et offrait certaines pistes d'actions, tant individuelles que collectives, comme le fait de promouvoir une diversité d'images corporelles dans les publicités, d'encourager les saines habitudes entourant le poids et l'alimentation et de dissuader les comportements de contrôle du poids ou de l'apparence dans son milieu de travail, à l'école et à la maison.

Bien que le projet soit terminé, la CHIC demeure accessible en ligne et toutes et tous peuvent la télécharger afin de s'investir dans la promotion de la diversité corporelle.[1]

Association pour la santé publique du Québec

Dans le même ordre d'idée que la CHIC, l'Association pour la santé publique du Québec (2014a) propose un guide pour porter plainte contre le modèle unique de beauté. Ce guide se concentre sur la

---

1. http://www.scf.gouv.qc.ca/fileadmin/Documents/Stereotypes/Charte_8.5X11_CHIC.pdf

représentation de la beauté dans les médias en ciblant le modèle unique présenté, l'extrême minceur et les retouches corporelles. Il s'intéresse à la faible présence de diversité corporelle ainsi qu'à la stigmatisation liée au poids. Ainsi, le guide offre une marche à suivre détaillée afin de porter plainte contre différentes compagnies (émissions de télévision ou de radio, différentes publicités) et de s'exprimer sur le mécontentement collectif associé à la faible représentation de la diversité corporelle. Ces plaintes sont d'une importance capitale, car il revient de la responsabilité de tout un chacun de s'exprimer afin que ce moule restrictif quitte nos écrans et nos images. Ce guide redonne un pouvoir à la collectivité et il revient à elle de l'utiliser.[2]

Un nouveau paradigme

Depuis quelque temps, un nouveau paradigme de l'obésité a fait son entrée sous le nom de *Health At Every Size®* (HAES), ou « la santé sous toutes ses formes », promu par l'*Association for Size Diversity and Health*. Ce nouveau paradigme s'appuie sur cinq principes rejoignant la diversité corporelle et le respect d'une approche multifactorielle de l'obésité. Il mise sur l'acceptation de soi ainsi que la promotion de saines habitudes de vie. Les principes sont l'inclusion de tous les formats corporels, l'amélioration de la santé, l'alimentation intuitive, la lutte à la grossophobie et la promotion du mouvement pour tous les formats corporels et goûts individuels. Ce paradigme est devenu une approche utilisée par plusieurs professionnelles et professionnels de la santé spécialisés dans le traitement des problématiques liées au poids, à l'image et à l'alimentation. Le public général peut aussi s'afficher comme étant militant de cette approche. Tel un « code », s'afficher comme étant « thérapeute HAES » ou « militant HAES » envoie un message compris par les adeptes qui se sentent alors en confiance, sachant que leur poids ne sera pas méprisé et que les techniques utilisées seront concordantes avec les principes de l'approche.

---

2. Le guide est disponible au lien suivant: https://www.aspq.org/nos-outils/guide-pour-porter-plainte-contre-la-promotion-du-modele-unique-de-beaute/

Initiatives québécoises

L'organisme ÉquiLibre, spécialisé dans les problématiques d'image corporelle, souligne annuellement la « Journée sans maquillage » afin d'amener la population à se questionner sur l'importance accordée à l'apparence. Cette journée vise à prendre conscience de l'influence des normes de beauté sur soi et sur l'obligation que certaines personnes peuvent ressentir à se maquiller. Loin d'être une journée antimaquillage, elle offre plutôt un temps d'arrêt et de réflexion pour se recentrer, pour reprendre le pouvoir de se maquiller par choix personnel, et non pour répondre à des standards.

L'événement « Maipoils » vise sensiblement le même objectif que la « Journée sans maquillage », à l'exception de l'utilisation du poil comme médium et de la durée du défi s'il en est un. Pendant tout le mois de mai, l'événement invite les personnes à laisser pousser leurs poils et à se questionner sur la pression ressentie par plusieurs pour les enlever. Ici aussi, l'objectif en est un de réflexion et de sensibilisation pour se distancer des pressions sociales et du discours restrictif lié à la beauté et pour déconstruire le double standard lié à la pilosité.[3]

---

3. https://www.maipoils.com/

Promouvoir la diversité corporelle, c'est promouvoir l'obésité ?

Vivre en respectant la diversité corporelle, c'est offrir un discours inclusif où tous les corps peuvent coexister. Du même coup, c'est aider à déstigmatiser plusieurs pensées reliées au poids et à l'apparence. Ce n'est pas promouvoir l'obésité, c'est promouvoir la diversité des corps. C'est envoyer un message clair de respect collectif et de bien-être corporel. Parler et agir en concordance avec la diversité corporelle freine le désir d'atteindre l'idéal de beauté unique parce que cette diversité permet d'accepter nos différences. L'écart entre le corps réel et l'idéal de beauté peut ainsi diminuer, comme il n'y a plus d'idéal à atteindre.

Promouvoir la diversité corporelle, par amour pour soi

Promouvoir la diversité corporelle, c'est accepter que son corps change. Accepter que son corps soit un organisme vivant, qui réagit aux facteurs internes et externes. Accepter que son corps change, mais aussi évolue et vieillisse avec la puberté, la grossesse, la ménopause ou l'andropause ou tout autre mécanisme hormonal ou développemental. Accepter les changements dus à la maladie ou suivant un rétablissement. Accepter que son corps ne réagisse pas toujours de la même façon aux différents facteurs. Accepter les changements ponctuels parce que non, le corps n'est pas statique, et de faibles changements surviennent régulièrement, même dans une journée. Le poids varie, la forme corporelle aussi. Promouvoir la diversité corporelle, c'est aussi ne pas s'attendre à ce que le corps reste dans un moule rigide dont les contours ont été gravés par des normes. Cette diversité permet d'être, et ce, avec le corps et non malgré lui.

> Promouvoir la diversité corporelle, c'est aussi ne pas s'attendre à ce que le corps reste dans un moule rigide dont les contours ont été gravés par des normes.

Comment s'investir dans la diversité corporelle :

- Prendre conscience de la diversité naturelle des silhouettes ;
- Développer ses connaissances en matière de poids ;
- Diversifier les représentations de la beauté ;
- Valoriser la diversité corporelle en faisant preuve de respect et d'ouverture ;
- Développer un discours inclusif où l'unicité de chaque personne est célébrée ;
- Faire de la diversité corporelle une valeur familiale, sociale et professionnelle ;
- Afficher la CHIC (2009) dans son lieu de travail ou à la maison ;
- Exprimer son mécontentement face au manque de diversité dans les émissions et les publicités en portant plainte ;
- Dénoncer la stigmatisation à l'égard du poids ;
- Participer aux différentes initiatives permettant un temps de réflexion face au modèle unique de beauté.

En bref

- La diversité corporelle offre un discours inclusif et représentatif de l'être humain, permet un regard différent et réaliste de tous les corps et démystifie certaines idées reçues sur le poids et l'apparence ;
- La diversité corporelle est une valeur importante et nécessaire à un bien-être collectif qui freine le désir d'atteindre l'idéal de beauté unique et permet de cultiver une image corporelle positive ;
- Plusieurs initiatives existent au Québec et ailleurs et tout un chacun peut militer et s'investir dans la promotion de la diversité corporelle.

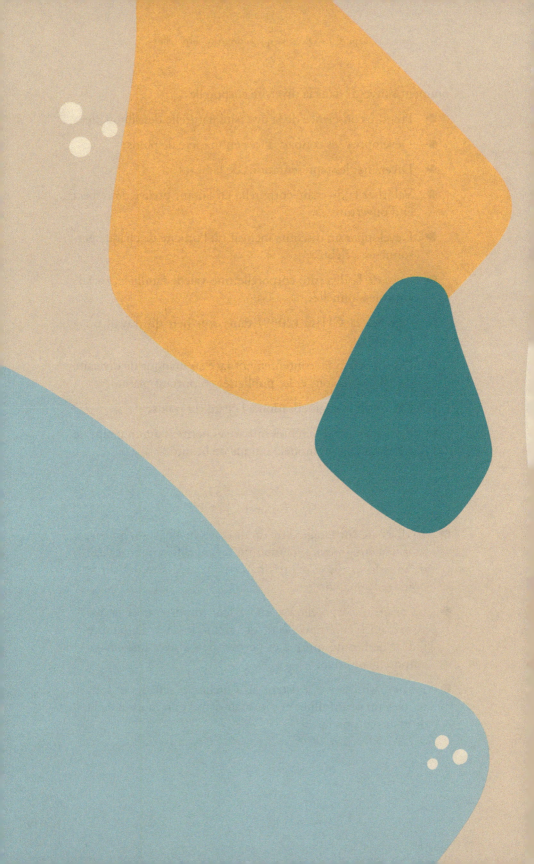

CHAPITRE 10
COMMENT AMÉLIORER SON IMAGE CORPORELLE ?

Qu'est-ce que l'image corporelle positive?

L'image corporelle positive est un concept multidimensionnel fort complexe qui implique beaucoup plus que l'évaluation positive de l'apparence ou l'absence d'insatisfaction corporelle. En fait, les chercheuses et chercheurs ne semblent pas unanimes sur la conceptualisation de l'image corporelle positive. Tout d'abord, plusieurs concepts différents sont proposés. Ensuite, ces derniers ne semblent pas exclusifs (un n'empêche pas l'autre) sans toutefois se chevaucher complètement. Il devient alors très difficile de proposer une définition universelle de l'image corporelle positive. Cela dit, l'appréciation corporelle, l'acceptation corporelle, la conceptualisation de la beauté, l'investissement dans des comportements sains liés à l'apparence, la positivité intérieure, le filtre cognitif positif (Tylka et Wood-Barcalow, 2015) et la flexibilité corporelle (Linardon *et al.*, 2021a) semblent être les concepts les plus utilisés pour bien définir l'image corporelle positive.

- **L'appréciation corporelle** permet d'apprécier l'unicité des caractéristiques corporelles, leur fonctionnalité ainsi que la santé générale. Elle rejoint le fait de remercier le corps pour ce qu'il est capable de faire et ce qu'il représente globalement.

- **L'acceptation et l'amour corporels** permettent d'exprimer de l'amour et du confort envers le corps, malgré certaines formes d'insatisfaction corporelle.

- **La conception générale de la beauté** s'oppose au modèle unique. Ce concept propose plutôt que plusieurs apparences différentes puissent être belles, incluant des caractéristiques immuables (par exemple, le poids, la taille, la couleur des cheveux ou de la peau) et modifiables (par exemple, le style personnel). Ainsi, il devient possible d'inclure certaines qualités comme la confiance, la générosité ou la sensibilité comme faisant partie de la beauté d'une personne.

- **L'investissement adaptatif en matière d'apparence** consiste à s'engager régulièrement dans des soins personnels liés à l'apparence (coiffure, maquillage, habillement, manucure) qui projettent le style et la personnalité d'une personne et dont la fonction demeure le bien-être.

- **La positivité intérieure** est ce qui relie l'image corporelle positive, les sentiments positifs (par exemple, la confiance corporelle, l'optimisme, le bonheur) et les comportements adaptatifs (par exemple, prendre soin de soi, aider les autres). La positivité intérieure peut également se manifester par le sourire, l'affirmation de soi et la posture corporelle.

- **Le filtre cognitif positif** permet de filtrer les informations d'une manière protectrice. C'est d'accepter des informations qui sont cohérentes avec une image corporelle positive (par exemple, tous les corps sont beaux) tout en rejetant les messages qui pourraient la mettre en danger (par exemple, il est important d'être mince et de perdre du poids).

- **La flexibilité de l'image corporelle** est la capacité pour une personne d'avoir des pensées critiques ou envahissantes, ou encore des émotions désagréables par rapport à son corps, sans agir sur elles de façon impulsive, sans les ruminer, sans essayer de les éviter ou de les changer (Sandoz *et al.*, 2013). La flexibilité de l'image corporelle est un type spécifique de flexibilité psychologique pertinent au contexte de l'alimentation et de l'image corporelle.

Qu'est-ce que l'image corporelle positive, une définition proposée par Wood-Barcalow *et al.* (2010)

Avoir une image corporelle positive, c'est de ressentir un amour et un respect pour son corps et pouvoir en apprécier la beauté unique. C'est d'accepter même les aspects qui sont incompatibles avec les images idéalisées en rejetant les informations négatives sur son corps, et pouvoir se sentir belle ou beau, à l'aise, en confiance et heureuse ou heureux. Parfois, c'est même de l'admirer et être en mesure de miser sur ses fonctions, de mettre l'accent sur ses atouts corporels plutôt que sur ses imperfections.

Développer une image corporelle positive ne nécessite pas l'élimination complète de toute insatisfaction corporelle. En fait, il est très possible de développer une image corporelle positive, tout en étant quelque peu insatisfait de certaines parties du corps. L'important, c'est de l'aimer assez pour le traiter avec respect et de pouvoir répondre adéquatement à ses besoins. Ainsi, c'est d'être en mesure de reconnaître les différents signaux qu'il envoie pour pouvoir lui donner ce dont il a besoin. Et à d'autres moments, ça veut aussi dire d'accepter de ressentir de l'insatisfaction, tout en maintenant sa valeur personnelle et en prenant soin de soi.

Facteurs de protection

Une bonne estime de soi, la capacité à socialiser, avoir des talents sportifs ou artistiques et une grande générosité contribuent à préserver la personne d'insatisfactions à l'égard de son corps et agissent comme des facteurs de protection contre les menaces extérieures (Tylka et Wood-Barcalow, 2015). Lorsque le corps est « attaqué », ces facteurs protègent la personne en lui confirmant qu'elle a une valeur beaucoup plus grande que son apparence, notamment à travers ses talents et autres qualités. L'acceptation du corps, l'autocompassion et une faible consommation de médias centrés sur l'apparence ont aussi été associées à une meilleure relation avec le corps (Andrew et al., 2016). On a démontré que les adolescentes qui présentaient une image corporelle positive étaient plus critiques envers l'idéal de beauté véhiculé et exprimaient un discours beaucoup plus nuancé de la beauté. Elles critiquaient ainsi l'idéal de beauté en le jugeant irréel et non naturel (Holmqvist et Frisén, 2012), une caractéristique importante de l'image corporelle positive.

Pourquoi développer une image corporelle positive

Les personnes qui entretiennent une image corporelle positive expriment rarement une détresse émotionnelle en lien avec leur image corporelle et perçoivent que cette dernière influence positivement leur qualité de vie. Elles expriment un mieux-être, entretiennent des comportements alimentaires équilibrés et démontrent une capacité à prendre soin d'elles. Elles rapportent une meilleure santé physique et sont reconnaissantes face à leur corps pour ce qu'il est et ce qu'il leur permet de faire. Cette image corporelle positive semble nourrie par une flexibilité cognitive où les personnes observent, sans jugement, les émotions, pensées et sensations associées au corps et font preuve d'autocompassion (Tylka et Wood-Barcalow, 2015).

La neutralité corporelle, un nouveau mouvement

> La neutralité corporelle suggère ainsi de s'éloigner de la haine corporelle, sans toutefois se donner l'obligation de développer un amour inconditionnel.

Tandis que l'image corporelle positive propose d'accepter son corps tel qu'il est et d'embrasser ses imperfections, la neutralité corporelle suggère plutôt de décentraliser l'attention sur le corps en misant sur sa fonctionnalité. Elle propose une posture neutre, un point milieu entre l'insatisfaction prononcée de son corps et l'amour de ce dernier. En effet, pour certaines personnes, accepter et aimer son corps est une tâche ardue, voire impossible. La neutralité corporelle suggère ainsi de s'éloigner de la haine corporelle, sans toutefois se donner l'obligation de développer un amour inconditionnel. On la développe en se rappelant à quoi sert le corps. Une personne insatisfaite de ses hanches pourrait alors reformuler sa pensée en affirmant que ses hanches lui permettent de marcher. On retient que le but n'est pas du tout d'apprendre à aimer ses imperfections ni même à les accepter. Le but est de centrer son attention sur l'utilité du corps. Le rationnel derrière la neutralité corporelle revient aux recherches ayant observé un effet boomerang chez certaines femmes à qui on demandait de répéter des phrases, a priori positives, comme « j'aime mon corps » ou « je suis belle ». En effet, ces messages semblaient plutôt déclencher un contre-argumentaire cognitif semblable à « non, je ne suis pas belle et voici pourquoi » et faisaient ainsi augmenter les comportements de surveillance corporelle et l'insatisfaction corporelle (Engeln et Imundo, 2020). Au moment d'écrire ces lignes, les chercheuses et chercheurs ne semblent pas s'être penchés sur ce nouveau mouvement et il demeure incertain s'il est un construit faisant partie de l'image corporelle positive, ou plutôt un concept complémentaire.

Interventions pour améliorer son image corporelle

Plusieurs interventions et activités permettent d'améliorer son image corporelle. Pour choisir judicieusement, il est important de se questionner sur l'objectif fixé. Ce dernier est-il d'accepter son corps? De tolérer une forme d'insatisfaction? De mettre en place des comportements et attitudes visant le bien-être? De développer sa capacité à répondre à ses besoins pour prendre soin de soi? Lié à la mise en place de comportements alimentaires sains et la diminution de comportements de surveillance corporelle? Lié à développer sa connaissance de ses compétences corporelles? Les multiples concepts regroupés dans l'image corporelle positive (par exemple, la satisfaction corporelle, l'acceptation corporelle, la conceptualisation de la beauté, la flexibilité psychologique) peuvent ainsi être travaillés individuellement et de façon complémentaire. En même temps, améliorer son image corporelle demande du temps et de la pratique. Certaines habitudes doivent être changées, d'autres, apprises. Des outils peuvent être simples, tandis que d'autres peuvent être plus complexes.

> **Initiative québécoise**
>
> En 2017, Dre Stéphanie Léonard, psychologue spécialisée dans le traitement des troubles de l'alimentation et de l'image corporelle, fonde l'organisme à but non lucratif « Bien avec mon corps ». À travers l'éducation psychologique, la mobilisation et l'implication des jeunes dans des actions concrètes ainsi que le partage des différents vécus, l'organisme, très impliqué sur les réseaux sociaux, vise à diminuer l'insatisfaction corporelle chez les jeunes.

Interventions et activités à faire avec les jeunes

En tant que parents, professionnelles ou professionnels, il est important d'être constants dans les réponses fournies aux jeunes et d'agir comme modèles. Il faut s'attendre à devoir répondre régulièrement à des questions du style: «Vais-je pouvoir avoir un dessert même si je ne termine pas mon assiette?», «Ai-je assez mangé?», «Est-ce que je peux manger une autre portion?», «Est-ce que je peux avoir un autre dessert ? », « Est-ce vrai que la crème glacée n'est pas bonne pour la santé ? », « Puis-je porter ça ? », « Est-ce que ce pantalon me fait paraître grosse ? » ou « Est-ce que les autres vont rire de moi si je porte ça ? ». Une constance dans les réponses permet au jeune de développer un sentiment de sécurité et de se reconnecter à son corps. On encourage alors des réponses comme : « Quels sont tes besoins ? », « Quels sont tes goûts ? », « Que te dit ton corps ? », « Ton corps est fait ainsi », « Aucun aliment n'est bon ou mauvais ». De plus, il demeure primordial de valider l'expérience subjective du jeune en reconnaissant, par exemple, qu'il puisse être difficile de s'exposer dans certains vêtements, ou alors qu'il puisse être difficile de devoir s'adapter à des changements corporels.

Quelques interventions et activités à privilégier

- Encouragez le respect des signaux corporels des jeunes (faim, satiété, fatigue, besoin de bouger, douleur, maux divers). Accompagnez-les dans leur identification et leur respect. Agissez en tant que modèle en nommant vos propres besoins ;

- Renforcez les jeunes positivement, et autrement que sur leur apparence, en soulignant leurs forces, compétences, réalisations et qualités ;

- Ayez un code d'acceptation et de diversité corporelles pour la maison, l'école et le lieu de travail. Véhiculez des messages inclusifs en termes de corps, dénoncez la stigmatisation liée au poids, restructurez les fausses idées liées au poids et à l'apparence, ne tolérez ni n'exprimez de commentaires négatifs sur les corps ;

- Évitez l'utilisation du pèse-personne, autant pour vous que pour les jeunes. Les pèse-personnes ne devraient être utilisés que par certains professionnelles et professionnels de la santé, suivant certains critères et objectifs très précis ;

- Limitez le temps passé devant les images proposant un modèle unique de beauté. Rappelez aux jeunes que ce sont des personnages fictifs et des images manipulées, et offrez vous-mêmes un modèle d'image corporelle saine et diversifiée ;

- Encouragez les jeunes à porter des vêtements dans lesquels le confort prime;

- Demeurez attentif aux jeunes qui parlent de poids et d'apparence, qui ne semblent pas satisfaits de leur image, qui en semblent préoccupés, qui désirent la modifier, ou encore modifier celle des autres, et ce, peu importe l'intensité de l'insatisfaction;

- Discutez de puberté à la préadolescence et de comment les jeunes pourraient se sentir à travers ces changements corporels. Enseignez le rôle de la biologie dans la forme et le poids du corps;

- Respectez une alimentation intuitive et encouragez la découverte des nouveaux goûts à travers une alimentation diversifiée. Pour les plus jeunes, respectez le partage des responsabilités alimentaires (le parent choisit le *quoi, comment, quand* et *où*, l'enfant choisit le *si* et *combien*). Cuisinez et mangez ensemble;

- Encouragez et pratiquez régulièrement l'activité physique pour le plaisir. Misez sur le développement de différentes habiletés et l'acceptation du corps, et ce, peu importe l'activité;

- Faites la lecture aux enfants et utilisez les interventions proposées dans les livres spécialisés, comme ceux de la collection *Des histoires pour grandir* (Ricard, 2019a, b, c). Des études ont effectivement démontré que la lecture de livres spécialisés en la matière pouvait réduire le stigma lié au poids et augmenter la satisfaction de l'apparence chez les enfants (Dohnt et Tiggemann, 2008).

Autres comportements à mettre en place pour soi et les autres, en tant qu'adultes

- Positionnez-vous face à votre propre image corporelle. Questionnez-vous à savoir quelle image vous renvoie le miroir, quelles émotions sont ressenties en lien avec votre corps ;

- Développez et maintenez votre estime personnelle et concentrez-vous sur vos qualités et compétences. Écrivez des pensées positives sur des bouts de papier que vous placerez bien en vue, ou encore dans une petite boîte que vous ouvrirez régulièrement. Les pensées doivent être liées à vos qualités, à votre valeur, à des phrases motivatrices, à vos relations et non à votre corps physique. Par exemple : « j'ai de bons amis que j'aime et qui m'aiment », « je fournis les efforts nécessaires pour réussir mon projet » ou encore « mon corps me permet de vivre une panoplie de sensations corporelles plaisantes » ;

- Prenez soin de votre corps et apprivoisez-le en vous concentrant sur vos sensations corporelles ;

- Pratiquez régulièrement des exercices de pleine conscience corporelle et alimentaire afin d'augmenter votre conscience corporelle ;

- Pratiquez régulièrement l'autocompassion. Reconnaissez qu'il peut parfois être difficile de vous regarder devant le miroir, ce qui est tout à fait normal. Permettez-vous d'accepter ce moment sans le juger ;

- Faites don des vêtements qui ne vous font plus. Ces fameux jeans qui vous faisaient jadis, et que vous gardez « comme motivation », ne font que vous culpabiliser. Ils vous rappellent, chaque fois que vous les regardez, que votre silhouette n'est pas ce que vous voulez. Une fois le ménage fait, portez des vêtements qui vous représentent et dans lesquels vous vous sentez bien ;

- Limitez l'achat de livres et de magazines faisant la promotion de corps idéalisés et irréalistes, ainsi que le temps passé devant les médias d'apparence. Développez votre esprit critique à l'égard de ces images. Rappelez-vous qu'en moyenne 5 % des femmes correspondent à l'idéal de minceur véhiculé par les médias ;

- Cessez la critique interne. Prenez du recul de cette partie exigeante qui se permet des commentaires blessants sur votre corps. Imposez-lui des limites ;

- Restructurez les distorsions cognitives que vous entretenez par rapport à votre corps. Identifiez les erreurs de pensées, puis contrebalancez-les avec des informations factuelles ;

- Utilisez les miroirs à bon escient. Pour plusieurs, le reflet du miroir devient une source considérable d'anxiété. Lorsque vous vous regardez, misez sur le positif. Mettez l'accent sur la ou les parties de votre corps qui vous plaisent. Évitez de vous analyser. Souvenez-vous que le reflet que vous fournit le miroir peut être déformé, votre perception peut être erronée ;

- Informez-vous des risques reliés au contrôle du poids et rappelez-vous que les régimes sont inefficaces à long terme dans 95 % des cas et sont très dommageables pour la santé. Souvenez-vous que la restriction amène et maintient la surconsommation ;

- Faites le ménage de vos abonnements sur les médias sociaux et utilisez ces derniers à bon escient, c'est-à-dire en suivant des pages et des personnes qui véhiculent une diversité corporelle et une alimentation intuitive ;

- Pratiquez la neutralité corporelle. Tout d'abord, reconnaissez la pensée critique liée à votre corps. Ensuite, respirez, prenez un temps d'arrêt. Finalement, changez cette pensée en décentrant votre attention. Recadrez la pensée sur la fonctionnalité de votre corps et non sur son apparence. Rappelez-vous que la neutralité corporelle ne vise ni l'amour de son corps ni son acceptation. Elle vous aide à vous en tenir à l'essentiel.

> **Aide-mémoire pour soi et pour les autres**
>
> - Respect des signaux corporels ;
> - Mise en place des principes de l'alimentation intuitive ;
> - Expression de messages inclusifs en termes de corps ;
> - Promotion de la diversité corporelle ;
> - Tolérance zéro face aux commentaires négatifs sur les corps ;
> - Arrêt de l'utilisation du pèse-personne ;
> - Apprivoisement de ses sensations corporelles ;
> - Pratique régulière de l'activité physique pour le plaisir ;
> - Connaissance de ses qualités et compétences ;
> - Pratique régulière de l'autocompassion ;
> - Expression de limites à la critique interne ;
> - Port de vêtements confortables ;
> - Développement de l'esprit critique à l'égard des images de corps irréels ;
> - Développement des connaissances face aux risques reliés au contrôle du poids.

En bref

- L'appréciation corporelle, l'acceptation corporelle, l'investissement adaptatif en matière d'apparence, la positivité intérieure, le filtre cognitif positif et la flexibilité corporelle semblent être les concepts les plus utilisés pour bien définir l'image corporelle positive ;

- Certains facteurs de protection diminuent la vulnérabilité d'une personne à développer de fortes insatisfactions corporelles comme une bonne estime de soi, la capacité à socialiser, avoir des talents sportifs ou artistiques, une grande générosité et l'autocompassion ;

- Entretenir une image corporelle positive permet de ressentir un mieux-être, de présenter des comportements alimentaires équilibrés de même qu'une capacité à prendre soin de soi ;

- Plusieurs interventions et activités sont encouragées afin de soutenir les jeunes dans le développement d'une image corporelle positive et plusieurs sont pertinentes à mettre en pratique pour soi, en tant qu'adultes.

CONCLUSION

L'image corporelle est la représentation mentale qu'une personne entretient de son corps et s'accompagne d'émotions, de pensées, de comportements et d'attitudes. Elle inclut deux dimensions, soient l'évaluation subjective ainsi que l'investissement. Alors que la première revient au jugement porté quant à la satisfaction corporelle, la deuxième réfère à l'importance que prend le corps dans l'évaluation de soi. L'image corporelle peut ainsi être positive (saine) ou négative (malsaine).

Lors d'insatisfaction corporelle, un inconfort, représenté par l'écart éloignant la personne de son idéal, est déclenché. Afin de diminuer cet écart, la personne développe généralement des comportements visant à modifier son corps ou son apparence, à les éviter ou à les contrôler. Malheureusement, ces comportements maintiennent la personne dans une préoccupation importante de son image et entretiennent l'insatisfaction corporelle.

> Qui plus est, il est tout aussi démontré que nous vivons dans une société extrêmement intolérante face au surpoids, ce qui peut expliquer la motivation de plusieurs à vouloir contrôler leur poids et à anticiper négativement une prise de poids.

Les recherches ont largement démontré les impacts néfastes d'un maintien de l'insatisfaction corporelle et du développement de comportements de contrôle ou d'évitement associés. Qui plus est, il est tout aussi démontré que nous vivons dans une société extrêmement intolérante face au surpoids, ce qui peut expliquer la motivation de plusieurs à vouloir contrôler leur poids et à anticiper négativement une prise de poids.

L'internalisation de l'idéal de beauté tout comme celle des biais liés au poids semblent responsables de plusieurs attitudes et comportements néfastes en ce qui a trait au maintien d'une préoccupation collective du poids et de l'apparence. L'estime de soi semble ainsi avoir été transposée, pour plusieurs, à leur corps. Bien que les facteurs déterminants dans le développement de l'insatisfaction corporelle démontrent que plusieurs facteurs individuels expliquent la vulnérabilité d'une personne à en développer ou non, force est de constater que plusieurs facteurs environnementaux sont d'une importance considérable. En effet, c'est bien l'interaction entre les caractéristiques physiques et psychologiques, les expériences interpersonnelles et la socialisation qui explique le développement d'insatisfactions corporelles chez quelqu'un.

La réalité frappe : une grande proportion de la population présente, à un certain degré, de l'insatisfaction corporelle. Quels que soient le genre et l'âge, pratiquement personne n'y échappe. Malheureusement, en réponse à l'interaction de facteurs de risque spécifiques, certaines personnes développeront une détresse marquée face à l'insatisfaction et d'autres développeront des maladies, comme l'obsession d'une dysmorphie corporelle ou un trouble des conduites alimentaires.

La pandémie qui sévit toujours au moment d'écrire ces lignes a malheureusement joué le rôle de facteur déclencheur pour certains qui ont vu augmenter leurs préoccupations corporelles et leurs comportements de contrôle et d'évitement. Les études s'étant intéressées à ce phénomène ont permis de mettre en lumière l'importance que peuvent jouer les facteurs de stress ponctuels, l'accessibilité aux modes de gestion de stress, tout comme l'exposition aux médias sur les préoccupations corporelles. De plus, pour les personnes déjà à risque de troubles des conduites alimentaires, la pandémie a pu précipiter le déclenchement de la maladie ou son retour.

À travers dix questions populaires, ce livre a permis d'aborder différents thèmes importants reliés à l'image corporelle. Entre autres, les facteurs déterminants l'insatisfaction corporelle, la prévalence et les risques reliés à cette insatisfaction, ainsi que sa normalité au sein de différentes populations ont été expliqués. Les régimes et le pèse-personne comme méthodes de contrôle du poids, le poids naturel, les troubles des conduites alimentaires, l'activité physique, l'obésité, la stigmatisation liée au poids, ainsi que la diversité corporelle sont des thèmes qui ont aussi pu être développés. La dernière section du livre a permis spécifiquement de proposer plusieurs idées d'interventions et d'activités afin d'apprivoiser son propre corps dans le but de l'accepter tel qu'il est, et ainsi adopter des attitudes et des comportements adéquats envers soi, ainsi qu'avec les autres personnes qui nous entourent.

Les différents chapitres se voulaient une occasion de démystifier certaines idées reçues et de fournir l'information nécessaire afin d'accompagner la personne pour qu'elle puisse développer une relation plus positive avec son corps. Bien entendu, chaque chapitre pourrait faire l'objet d'un livre à part entière et proposer un regard beaucoup plus complet. À cet effet, les personnes intéressées trouveront des idées de lecture pour approfondir quelques-uns de ces thèmes à la section *Pour aller plus loin*.

Améliorer la relation avec son corps peut passer par différents chemins. L'image corporelle positive est liée à une appréciation du corps, à son amour et à son acceptation, à une conceptualisation réelle de la beauté humaine qui permet de sortir du cadre rigide de l'apparence et du poids, à des comportements d'écoute corporelle, à des émotions agréables et un bien-être, ainsi qu'à une autocompassion. Toutefois, un nouveau mouvement semble offrir un espoir aux personnes pour lesquelles cet amour inconditionnel leur paraît impossible ou irréaliste pour l'instant. En effet, la neutralité corporelle permet de centrer son attention sur la fonctionnalité de son corps et non sur une obligation de l'aimer à tout prix.

> Quels que soient votre histoire ou votre objectif, j'espère sincèrement que ce livre ait pu permettre de débuter ou de poursuivre cet extraordinaire chemin qui mène vers l'acceptation corporelle et une relation plus positive avec son corps. Je le répète depuis toujours : nous n'avons qu'un seul corps et il est notre outil le plus précieux. Le mieux que l'on puisse faire, c'est de l'écouter et d'apprendre à vivre en harmonie avec lui.

BIOGRAPHIE DE L'AUTEURE

Marie-Michèle Ricard est détentrice d'une maîtrise en psychoéducation et d'une spécialisation en psychothérapie. Elle est professeure et œuvre dans le domaine de la santé mentale depuis plus de vingt ans. Ses services s'adressent principalement aux adultes souffrant de troubles des conduites alimentaires ou d'insatisfactions liées à l'image de soi, de problèmes relationnels divers, de traumatismes ainsi que de troubles de la personnalité. Elle est la cofondatrice de la clinique Imavi, la seule clinique de l'Outaouais spécialisée dans le traitement des problèmes liés à l'image, à l'alimentation et au poids, et offrant des services de qualité supérieure en santé mentale.

Marie-Michèle se spécialise dans les problématiques liées à l'image et aux troubles des conduites alimentaires depuis de nombreuses années. Depuis, elle a développé une expertise lui permettant d'offrir, autant pour le grand public que les professionnelles et professionnels, différents livres, outils ainsi que plusieurs formations et conférences.

Elle s'implique dans différentes initiatives du réseau, notamment en participant à différents comités d'experts pour le développement d'outils pertinents, comme avec les organismes ANEB Québec, ÉquiLibre et la Fondation Jeunes en tête, ou en participant à des comités d'écriture d'articles scientifiques ou de chapitres divers sur le sujet.

Marie-Michèle offre aussi des services de soutien aux parents dont l'enfant présente une relation difficile au corps ainsi qu'à la nourriture et propose de la supervision clinique en psychoéducation ainsi qu'en psychothérapie. Elle est régulièrement invitée à offrir diverses entrevues sur la gestion des émotions, la promotion de l'image corporelle positive et la santé mentale.

Comme auteure, elle signe plusieurs ouvrages dont *Romy, accepter son corps à l'adolescence*, un guide pratique destiné aux adolescentes et aux adolescents, qui a pour objectif de favoriser le développement d'une saine image corporelle, ainsi que les trois livres de la collection *Des histoires pour grandir*, soit *Olivier veut devenir une supermachine*, *Lou aime le dessert* et *Emma n'aime pas les moqueries*, destinés à promouvoir le développement d'une image corporelle saine et le développement d'une relation saine avec la nourriture, et la prévention de la stigmatisation à l'égard du poids et de l'apparence chez les enfants. Ces livres pédagogiques, uniques au Canada français ainsi qu'en Europe, sont publiés aux Éditions Midi Trente.

De plus, elle est codirectrice de l'unique ouvrage de référence *Les troubles des conduites alimentaires, du diagnostic aux traitements*, regroupant plus de soixante spécialistes canadiens et européens, publié avec les Presses de l'Université de Montréal. Elle signe son premier roman avec *Il y a toujours de l'espoir…*

Gardons contact

 @mmricardpsed

 @mmricardpsed

 www.imavi.ca

 mariemichelericard@gmail.com

ORGANISMES PERTINENTS

ANEB Québec

Depuis plus de 30 ans, ANEB Québec est un organisme à but non lucratif spécialisé dans l'accompagnement des personnes et de leurs proches touchés par un trouble des conduites alimentaires.

www.anebquebec.com

Association pour la santé publique du Québec

Page dédiée à une des priorités de l'association offrant informations et outils.

www.aspq.org/fr/dossiers/problematique-du-poids

Bien avec mon corps

Organisme à but non lucratif ayant comme objectif principal de diminuer l'insatisfaction corporelle chez les jeunes.

www.bienavecmoncorps.com

ÉquiLibre

« Fondé en 1991, ÉquiLibre est un organisme québécois à but non lucratif ayant pour mission de prévenir et de diminuer les problèmes liés au poids et à l'image corporelle dans la population, par des actions encourageant et facilitant le développement d'une image corporelle positive et l'adoption de saines habitudes de vie. »

www.equilibre.ca

Fondation Jeunes en tête

« La Fondation Jeunes en Tête prévient la détresse psychologique chez les jeunes de 11 à 18 ans grâce à ses programmes de sensibilisation ». Elle œuvre pour les jeunes du Québec et leur entourage en proposant plusieurs outils, dont une section complète sur l'image corporelle.

www.fondationjeunesentete.org

Grossophobie.ca, infos & référence

« Le but premier du site est de regrouper informations, références et ressources en un même endroit afin de faciliter le partage de connaissances et la sensibilisation sur la grossophobie. »

www.grossophobie.ca

Maison l'Éclaircie

Organisme communautaire fondé en 1996 venant en aide aux personnes touchées par un trouble des conduites alimentaires ainsi qu'à leurs proches.

www.maisoneclaircie.qc.ca/

Obésité Canada

« Obésité Canada est le principal organisme de bienfaisance enregistré concernant l'obésité au pays ayant pour mission d'améliorer les vies des Canadien.ne.s grâce à la recherche, l'éducation et le plaidoyer concernant l'obésité. »

www.obesitycanada.ca/fr

VOUS CHERCHEZ UNE PROFESSIONNELLE OU UN PROFESSIONNEL ?

Ordre des psychoéducateurs et psychoéducatrices du Québec

www.ordrepsed.qc.ca

Ordre des psychologues du Québec

www.ordrepsy.qc.ca

Ordre des travailleurs sociaux et des thérapeutes conjugaux du Québec

www1.otstcfq.org

Ordre professionnel des diététistes du Québec
www.opdq.org

Ordre professionnel des sexologues du Québec

www.opsq.org

POUR ALLER PLUS LOIN

Aimé, A., Maïano, C. et Ricard. M-M. (dir.). (2020). *Les troubles des conduites alimentaires, du diagnostic aux traitements.* Les Presses de l'Université de Montréal.

Aimé, A., Dion, J. et Maïano, C. (dir.). (à paraître). *L'image corporelle, de la théorie à la pratique.* Les Presses de l'Université du Québec.

Bergeron, M. (2019). *Ma vie en gros, regard sur la société et le poids.* Éditions Somme toute.

Bernier, E. (2020). *Grosse, et puis?* Éditions Trécarré.

Collard, G.L. (2021). *Corps Rebelle, Réflexions sur la grossophobie,* Québec Amérique.

Cash, T.F. (2008). *The body image workbook, an eight-step program for learning to like your looks (2nd ed.).* New Harbinger Publications, Inc.

Cash, T.F. et Smolak, L. (2012). *Body Image: A handbook of science, practice, and prevention, 2e ed.* Guilford Press.

Gergès, C. (2021). *L'alimentation des enfants dans une approche bienveillante et positive, Enfants 18 mois à 5 ans.*

Germain, V. (2015). *Clara : les désordres alimentaires à l'adolescence.* Éditions Midi Trente.

Gravel, K. (2021). *De la culture des diètes à l'alimentation intuitive, Réflexions pour manger en paix et apprécier ses cuisses.* KO Éditions.

Guèvremont, G., Lortie, M.-C. (2016). *Kilos zen : un livre sur le poids et le bonheur de manger (juste assez).* Éditions La Presse.

Lavallée, B. (2018). *N'avalez pas tout ce qu'on vous dit : superaliments, détox, calories et autres pièges alimentaires.* Éditions La Presse.

Ricard, M.-M. (2019). *Emma n'aime pas les moqueries*. Éditions Midi Trente.

Ricard, M.-M. (2019). *Lou aime le dessert*. Éditions Midi Trente.

Ricard, M.-M. (2019). *Olivier veut devenir une supermachine*. Éditions Midi Trente.

Ricard, M.-M. (2021). *Romy : accepter son corps à l'adolescence*. Éditions Midi Trente.

Sanders, J. (2019). *Cher corps, je t'aime*. Éditions CrackBoom!

Sénécal, C. (2018). *Ton poids, on s'en balance*. Éditions de l'Homme.

Tribole, E., et Resch, E. (2020). *Intuitive Eating, 4th Edition: A Revolutionary Anti-diet Approach*. St. Martin's Publishing Group.

RÉFÉRENCES

Aimé, A. (2012). Quand l'obésité impose un régime minceur aux résultats scolaires. *Le Monde de l'Éducation, 1*(3), 45-48.

Aimé, A., Maïano, C. et Ricard, M-M. (dir.). (2020). *Les troubles des conduites alimentaires, du diagnostic aux traitements.* Les Presses de l'Université de Montréal.

American Psychiatric Association. (2015). *DSM-5 : manuel diagnostique et statistique des troubles mentaux* (traduit par J.-D. Guelfi et M.-A. Crocq ; 5ᵉ éd.). Elsevier Masson.

Andrew, R. A., Tiggemann, M. et Clark, L. (2016). Predicting body appreciation in young women: An integrated model of positive body image, *Body Image, 18,* 34-42. https://doi.org/10.1016/j.bodyim.2016.04.003

Apfeldorfer, G. et Zermati, J.P. (2009). Traitement de la restriction cognitive : est-ce si simple ? *Obesity, 4,* 91–96. https://doi.org/10.1007/s11690-009-0192-2

Arcelus, J., Mitchell, A.J., Wales, J., Nielsen, S. (2011). Mortality Rates in Patients With Anorexia Nervosa and Other Eating Disorders: A Meta-analysis of 36 Studies. *Archives of General Psychiatry,* 68(7):724–731. https://doi.org/10.1001/archgenpsychiatry.2011.74

Association pour la santé publique au Québec. (2010). Quand l'image vaut mille maux. *Bulletin de santé publique, 32*(2).

Association pour la santé publique du Québec. (2014). *Guide pour porter plainte contre la promotion du modèle unique de beauté.* https://www.aspq.org/nos-outils/guide-pour-porter-plainte-contre-la-promotion-du-modele-unique-de-beaute/

Association pour la santé publique du Québec. (2014). *La stigmatisation à l'égard du poids et ses conséquences sur la santé mentale des jeunes : un obstacle à l'adoption de saines habitudes de vie. Mémoire présenté dans le cadre de la consultation publique sur la lutte contre l'intimidation.* https://www.mfa.gouv.qc.ca/fr/publication/Documents/2014-11-30.4-Memoire.pdf

Association pour la santé publique du Québec. (2015). *PSMA, Démasquer l'industrie de l'amaigrissement, appel à l'action.* http://www.aspq.org/uploads/pdf/565cac833208fappel-a-l-action_2015-11-30.pdf

Barry, V.W., Baruth, M., Beets, M. W., Larry Durstine, J., Liu, J. et Blair, S.N. (2014). Fitness vs. fatness on all-cause mortality: A meta-analysis. *Progress in Cardiovascular Diseases, 56(4)*, 382–390. https://doi.org/10.1016/j.pcad.2013.09.002

Bassett-Gunter, R., McEwan, D. et Kamarhie, A. (2017). Physical activity and body image among men and boys: A meta- analysis. *Body Image, 22*, 114-128. https://doi.org/10.1016/j.bodyim.2017.06.007

Becker, A. (2004). Television, disordered eating, and young women in Fiji: Negotiating body image and identity during rapid social change. *Culture, Medicine and Psychiatry, 28*, 533–559. https://doi.org/10.1007/s11013-004-1067-5

Bégin, C. et Gagnon-Girouard, M.-P. (2013). L'apparence physique et les relations conjugales. *Cahier recherche et pratique de l'Ordre des Psychologues du Québec 3*(2), 5-7. https://www.ordrepsy.qc.ca/documents/26707/0/Les+nouvelles+r%C3%A9alit%C3%A9s+du+couple/6e1d1075-79f1-4f6b-95fb-d8b32a933e42

Blackburn, M.-È., Auclair, J., Laberge, L., Gaudreault, M., Veillette, S., Lapierre, R., Perron, M. et Perreault, M. (2008). *Cheminements d'adolescents de 14 à 18 ans, Série Enquête longitudinale auprès des élèves saguenéens et jeannois*. Cégep de Jonquière. https://ecobes.cegepjonquiere.ca/media/tinymce/Publication-Sante/cheminementados.pdf

Blashill, A.J. et Safren, S.A. (2015). Body dissatisfaction and condom use self-efficacy: A meta- analysis. *Body Image, 12*, 73-77. https://doi.org/10.1016/j.bodyim.2014.10.002

Blodgett Salafia, E. H. et Gondoli, D. M. (2011). A 4-Year Longitudinal Investigation of the Processes by Which Parents and Peers Influence the Development of Early Adolescent Girls' Bulimic Symptoms. *The Journal of Early Adolescence, 31*(3), 390–414. https://doi.org/10.1177/0272431610366248

Bosomworth, N.J. (2019). Obésité centrale malgré un poids normal, les dangers particuliers de la taille toxique. *Canadian Family Physician, le Médecin de famille canadien, 65*, 251-260. https://www.cfp.ca/content/cfp/65/6/e251.full.pdf

Bratman, S. (1997). The health food eating disorder. *Yoga Journal*, 42–50.

Callahan, D. (2013). Obesity: chasing an elusive epidemic. *The Hastings Center report, 43*(1), 34–40. https://doi.org/10.1002/hast.114

Cash, T.F. (2008). *The body image workbook, An eight-step program for learning to like your looks* (2nd ed.). New Harbinger Publications, Inc.

Cash, T.F. et Smolak, L. (2011). *Body Image: A handbook of science, practice, and prevention*. Guilford Press.

Chaire de recherche sur l'homophobie UQAM. (2014). *Préoccupations en matière de santé parmi les jeunes LGBT de 30 ans et moins.* https://chairehomophobie.uqam.ca/upload/files/Fiches_corrrigees/mentale_JE_FR.pdf

Crerand, C. E., Sarwer, D. B. et Ryan, M. (2017). Cosmetic medical and surgical treatments and body dysmorphic disorder. Dans K. A. Phillips (dir.), *Body Dysmorphic Disorder: Advances in Research and Clinical Practice.* Oxford University Press.

Damiano, S. R., Gregg, K. J., Spiel, E. C., McLean, S. A., Wertheim, E. H. et Paxton, S. J. (2015). Relationships between body size attitudes and body image of 4-year-old boys and girls, and attitudes of their fathers and mothers. *Journal of Eating Disorders, 3*(1), 16. doi:10.1186/s40337-015-0048-0

Diedrichs, P. C. et Puhl, R. (2016). Weight bias: Prejudice and discrimination toward overweight and obese people. In C. Sibley et F. K. Barlow (Eds.), *The Cambridge handbook of the psychology of prejudice* (p. 392–412). Cambridge University Press.

Dion, J., Blackburn, M.-È., Auclair, J., Laberge, L., Veillette, S., Gaudreault, M., Vachon, P., Perron, M. et Touchette, É. (2015). Development and aetiology of body dissatisfaction in adolescent boys and girls. *International Journal of Adolescence and Youth, 20*(2), 151-166. http://dx.doi.org/10.1080/02673843.2014.985320

Dion, J., Hains, J., Vachon, P., Plouffe, J., Laberge, L., Perron, M., McDuff, P., Kalinova, E. et Leone, M. (2016). Correlates of Body Dissatisfaction in Children. *The Journal of Pediatrics*, 171, 202-207. http://dx.doi.org/10.1016/j.jpeds.2015.12.045

Dohnt, H. K. et Tiggemann, M. (2008). Promoting positive body image in young girls: an evaluation of "Shapesville". *European eating disorders review: the journal of the Eating Disorders Association, 16*(3), 222–233. https://doi.org/10.1002/erv.814

Dotan, A., Bachner-Melman, R. et Dahlenburg, S.C. (2021). Sexual orientation and disordered eating in women: a meta-analysis. *Eating and Weight Disorders–Studies on Anorexia, Bulimia and Obesity, 26,* 13–25. https://doi.org/10.1007/s40519-019-00824-3

Dove. (2020). *Notre recherche.* https://www.dove.com/ca/fr/stories/about-dove/our-research.html

Durkin, S. J., Paxton, S. J. et Sorbello, M. (2007). An integrative model of the impact of exposure to idealized female images on adolescent girls' body satisfaction. *Journal of Applied Social Psychology, 37*(5), 1092–1117. https://doi.org/10.1111/j.1559-1816.2007.00201.x

Engeln, R. et Imundo, M.N. (2020). I (don't) love my body: counter-intuitive effects of a body-affirming statement on college women's body satisfaction. *Journal of Social and Clinical Psychology, 39*(7), 617-639. https://doi.org/10.1521/jscp.2020.39.7.617

Ericksen, A. J., Markey, C. N. et Tinsley, B. J. (2003). Familial influences on Mexican American and Euro-American preadolescent boys' and girls' body dissatisfaction. *Eating Behaviors, 4*(3), 245–255. https://doi.org/10.1016/S1471-0153(03)00025-4

Extenso. (2015). *Diètes populaires : les risques pour la santé des régimes restrictifs*. https://extenso.org/article/dietes-populaires-les-risques-pour-la-sante-des-regimes-restrictifs/

Fiske, L., Fallon, E.A., Blissmer, B. et Redding, C.A. (2014). Prevalence of body dissatisfaction among United States adults: review and recommendations for future research. *Eating behaviors, 15*(3), 357–365. https://doi.org/10.1016/j.eatbeh.2014.04.010

Flint, S. W., Čadek, M., Codreanu, S. C., Ivić, V., Zomer, C. et Gomoiu, A. (2016). Obesity Discrimination in the Recruitment Process: "You're Not Hired!". *Frontiers in psychology, 7*, 647. https://doi.org/10.3389/fpsyg.2016.00647

Frederick, D.A., Buchanan, G.M., Sadeghi-Azar, L., Peplau, L.A., Haselton, M.G., Berezovskaya, A. et Lipinski, R.E. (2007). Desiring the muscular ideal: Men's body satisfaction in the United States, Ukraine, and Ghana. *Psychology of Men and Masculinity, 8*(2), 103–117. https://doi.org/10.1037/1524-9220.8.2.103

Galmiche, M., Déchelotte, P., Lambert, G. et Tavolacci, M.P. (2019). Prevalence of eating disorders over the 2000–2018 period: a systematic literature review. *The American Journal of Clinical Nutrition, 109*(5), 1402–1413. https://doi.org/10.1093/ajcn/nqy342

Gardner, R. et Brown, D. (2010). Body image assessment: A review of figural drawing scales. *Personality and Individual Differences, 48*(2), 107-111. https://doi.org/10.1016/j.paid.2009.08.017

Grabe, S. et Hyde, J. S. (2006). Ethnicity and body dissatisfaction among women in the United States: A meta-analysis. *Psychological Bulletin, 132*(4), 622–640. https://doi.org/10.1037/0033-2909.132.4.622

Grogan, S. (2008). *Body image: Understanding body dissatisfaction in men, women and children (2nd edition)*. Routledge/Taylor & Francis Group.

Habilo Médias, Le centre canadien d'éducation aux médias et de littératie numérique. (consulté le 14 juin 2021). *La publicité est partout*. https://habilomedias.ca/publicite-consommation/publicite-partout

Halliwell, E., Diedrichs, P. C. et Orbach, S. (2014). *Costing the invisible: A review of the evidence examining the links between body image, aspirations, education and workplace confidence pour Centre for Appearance Research*. University of the West of England. http://eprints.uwe.ac.uk/24438

Holland, G. et Tiggemann, M. (2016). A Systematic review of the impact of the use of social networking sites on body image and disordered eating outcomes. *Body Image, 17*, 100-110. https://doi.org/10.1016/j.bodyim.2016.02.008

Holmqvist, K. et Frisén, A. (2012). "I bet they aren't that perfect in reality": Appearance ideals viewed from the perspective of adolescents with a positive body image. *Body Image, 9*, 388–395. http://dx.doi.org/10.1016/j.bodyim.2012.03.007

Jalbert, Y. G. (2019). *L'intimidation à l'égard du poids dans les écoles primaires du Québec : ça existe ! – Résultats d'un sondage électronique mené au Québec auprès de 1 005 parents ayant un enfant de 6 à 12 ans inscrit dans une école primaire*. Association pour la santé publique du Québec et Ipsos Marketing. https://www.aspq.org/lintimidation-a-legard-du-poids-dans-nos-ecoles-primaires-ca-existe/

Karazsia, B.T., Murnen, S.K. et Tylka, T. L. (2017). Is body dissatisfaction changing across time? A cross-temporal meta-analysis. *Psychological Bulletin, 143*(3), 293–320. https://doi.org/10.1037/bul0000081

Lawrie, Z., Sullivan, E.A., Davies, P.S.W. et Hill, R.J. (2007). Body change strategies in children: Relationship to age and gender. *Eating Behaviors, 8*, 357-363. https://doi.org/10.1016/j.eatbeh.2006.11.011

Ledoux, M., Mongeau, L. et Rivard, M. (2002). Poids et image corporelle. Dans J. Aubin, C. Lavallée, J. Camirand, N. Audet, B. Beauvais et P. Berthiaume (dir.), *Enquête sociale et de santé auprès des enfants et des adolescents québécois 1999*, Institut de la statistique du Québec (chapitre 14, p. 311-344). https://www.stat.gouv.qc.ca/statistiques/sante-enfants-ados/sante-globale/enquete-sante-enfants-ados.pdf

Lépine, L., Chamberland, L., Carey, B. et Bélanger, G. (2017). *Portrait des personnes LGBT+ en Gaspésie et aux Îles-de-la-Madeleine*. Centre d'initiation à la recherche et d'aide au développement durable (CIRADD). https://www.ciradd.ca/wp-content/uploads/2019/10/RPSN_2014035_LGBT_FIS.pdf

Linardon, J., Anderson, C., Messer, M., Rodgers, R.F. et Fuller-Tyszkiewicz, M. (2021). Body image flexibility and its correlates: A meta-analysis. *Body Image, 37*, 188-203. https://doi.org/10.1016/j.bodyim.2021.02.005

Linardon, J., Tylka, T.L. et Fuller-Tyszkiewicz, M. (2021). Intuitive eating and its psychological correlates: A meta-analysis. *International Journal of Eating Disorders*, 1-26. https://doi.org/10.1002/eat.23509

Lowes, J. et Tiggemann, M. (2003). Body dissatisfaction, dieting awareness and the impact of parental influence in young children. *British Journal of Health Psychology, 8*(2), 135-147. https://doi.org/10.1348/135910703321649123

Lunde, C., Frisén, A. et Hwang, C. P. (2007). Ten-year-old girls' and boys' body composition and peer victimization experiences: Prospective associations with body satisfaction. *Body Image, 4*(1), 11-28. https://doi.org/10.1016/j.bodyim.2006.10.002

Markowitz, J. T., Butryn, M. L. et Lowe, M. R. (2008). Perceived deprivation, restrained eating and susceptibility to weight gain. *Appetite, 51*(3), 720–722. https://doi.org/10.1016/j.appet.2008.03.017

McCabe, M. P., Ricciardelli, L. A. et Finemore, J. (2002). The role of puberty, media and popularity with peers on strategies to increase weight, decrease weight and increase muscle tone among adolescent boys and girls. *Journal of Psychosomatic Research, 52*(3), 145-153. https://doi.org/10.1016/S0022-3999(01)00272-0

McCabe, M.P. et Ricciardelli, L.A. (2004). Body image dissatisfaction among males across the lifespan: a review of past literature. *Journal of Psychosomatic Research, 56*(6), 675-685. https://doi.org/10.1016/S0022-3999(03)00129-6

McCreary, D.R., Hildebrandt, T.B., Heinberg, L.J., Boroughs, M. et Thompson, J.K. (2007). A review of body image influences on men's fitness goals and supplement use. *American journal of men's health, 1*(4), 307–316. https://doi.org/10.1177/1557988306309408

Mills, J. et Fuller-Tyszkiewicz, M. (2016). Fat talk and its relationship with body image disturbance. *Body image, 18*, 61–64. https://doi.org/10.1016/j.bodyim.2016.05.001

Müller, M.J., Geisler, C., Heymsfield, S.B. et Bosy-Westphal, A. (2018). Recent advances in understanding body weight homeostasis in humans [version 1; peer review: 4 approved]. *F1000Research,* 7(F1000 Faculty Review):1025. https://doi.org/10.12688/f1000research.14151.1

Nichols, T.E., Damiano, S.R., Gregg, K., Wertheim, E.H. et Paxton, S. J. (2018). Psychological predictors of body image attitudes and concerns in young children. *Body Image, 27,* 10–20. https://doi.org/10.1016/j.bodyim.2018.08.005

Oberle, C.D., De Nadai, A.S. et Madrid, A.L. (2021). Orthorexia Nervosa Inventory (ONI): development and validation of a new measure of orthorexic symptomatology. *Eating and Weight Disorders–Studies on Anorexia, Bulimia and Obesity, 26,* 609-622. https://doi.org/10.1007/s40519-020-00896-6

Obésité Canada. (2020). *Préjugés liés au poids, stigmatisation à l'égard de l'obésité et la COVID-19, appel à l'action.* https://obesitycanada.ca/fr/nouvelles/prejuges-lies-au-poids-stigmatisation-a-legard-de-lobesite-et-la-covid-19/

Papillon, M. (journaliste). (2009, 27 novembre). La « grossophobie médicale » dénoncée par des professionnels de la santé [reportage]. Dans *Le Téléjournal avec Céline Galipeau.* Société Radio-Canada. https://ici.radio-canada.ca/info/videos/media-8186605/grossophobie-medicale-denoncee-par-professionnels-sante

Paraskeva, N. et Diedrichs, P.C. (2021). Body Image, Esteem, and Dissatisfaction during Childhood. Dans S. Hupp et J. Jewell (dir.), *The Encyclopedia of Child and Adolescent Development.* https://doi.org/10.1002/9781119171492.wecad192

Pigeon, E. (2012). *Topo, les synthèses de l'équipe de nutrition, activité physique, poids, le sommeil et les problèmes de poids : une nouvelle piste pour l'intervention ?* (4). Institut national de santé publique du Québec. https://www.inspq.qc.ca/sites/default/files/publications/1545_sommeilprobpoidsnouvpistinte.pdf

Polivy, J., Coleman, J. et Herman, C. P. (2005). The effect of deprivation on food cravings and eating behavior in restrained and unrestrained eaters. *The International journal of eating disorders, 38*(4), 301-309. https://doi.org/10.1002/eat.20195

Pudney, E. V., Himmelstein, M. S. et Puhl, R. M. (2019). The Role of Weight Stigma in Parental Weight Talk. *Pediatric Obesity, 14*(10), 1-11. https://doi.org/10.1111/ijpo.12534

Puhl, R. M. et Heuer, C. A. (2009). The stigma of obesity: a review and update. *Obesity, 17*(5), 941-964. https://doi.org/10.1038/oby.2008.636

Puhl, R. M. et Himmelstein, M. S. (2018). A Word to the Wise: Adolescent Reactions to Parental Communication about Weight. *Childhood Obesity, 14*(5). https://doi.org/10.1089/chi.2018.0047

Puhl, R. M., Himmelstein, M. S. et Quinn, D. M. (2018). Internalizing Weight Stigma: Prevalence and Sociodemographic Considerations in US Adults. *Obesity, 26*(1), 167-175. https://doi.org/10.1002/oby.22029

Puhl, R.M., Peterson, J.L. et Luedicke, J. (2013). Strategies to address weight-based victimization: Youths' preferred support interventions for classmates, teachers, and parents. *Journal of Youth and Adolescence, 42*, 315-327. https://doi.org/10.1007/s10964-012-9849-5

Puhl, R. (2020). What words should we use to talk about weight? A systematic review of quantitative and qualitative studies examining preferences for weight-related terminology. *Obesity Reviews, 21*(6), e13008. https://doi.org/10.1111/obr.13008

Puhl, R. M., Himmelstein, M. S. et Pearl, R. L. (2020). Weight Stigma as a Psychosocial Contributor to Obesity. *American Psychologist, 75*(2), 274-289. https://doi.org/10.1037/amp0000538

Quigg, S.L. et Want, S.C. (2011). Highlighting media modifications: Can a television commercial mitigate the effects of music videos on female appearance satisfaction? *Body Image, 8*(2), 135-142. https://doi.org/10.1016/j.bodyim.2010.11.008

Research and Markets. (2019). *Global weight management market report 2019: Industry trends, share, size, growth, opportunity and forecasts*, 2011-2018 & 2019-2024. https://www.prnewswire.com/news-releases/global-weight-management-market-report-2019-industry-trends-share-size-growth-opportunity-and-forecasts-2011-2018--2019-2024-300948334.html

Research and Markets. (2021). *Weight Management Market: Global Industry Trends, Share, Size, Growth, Opportunity and Forecast 2021-2026.* https://www.researchandmarkets.com/reports/5353298/weight-management-market-global-industry-trends?utm_source=CI&utm_medium=Press Release&utm_code=437m8d&utm_campaign=1313762+-+Global+Weight+Management+Market+Report+2019%3a+Industry+Trends%2c+Share%2c+Size%2c+Growth%2c+Opportunity+and+Forecasts%2c+2011-2018+%26+2019-2024&utm_exec=chdo54prd

Réseau québécois d'action pour la santé des femmes. (2011). *Survol des enjeux de santé liés à la question de l'image corporelle des femmes et des jeunes filles.* http://rqasf.qc.ca/files/enjeux_sante_stats.pdf

Ricard, M.-M. (2019). *Emma n'aime pas les moqueries*. Éditions Midi Trente.

Ricard, M.-M. (2019). *Lou aime le dessert*. Éditions Midi Trente.

Ricard, M.-M. (2019). *Olivier veut devenir une supermachine*. Éditions Midi Trente.

Robertson, M., Duffy, F., Newman, E., Prieto Bravo, C., Huseyin Ates, H. et Sharpe, H. (2021). Exploring changes in body image, eating and exercise during the COVID-19 lockdown: A UK survey. *Appetite, 159*. https://doi.org/10.1016/j.appet.2020.105062

Rodgers, R. et Chabrol, H. (2009). Parental attitudes, body image disturbance and disordered eating amongst adolescents and young adults: a review. *European eating disorders review: the journal of the Eating Disorders Association, 17*(2), 137–151. https://doi.org/10.1002/erv.907

Rubino, F., Puhl, R.M., Cummings, D.E., Eckel, R.H., Ryan, D.H., Mechanick, J.I., Nadglowski, J., Ramos Salas, X., Schauer, P.R., Twenefour, D., Apovian, C.M., Aronne, L.J., Berthoud, H.-R., Boza, C., Busetto, L., Dicker, D., De Groot, M., Eisenberg, D., Flint, S.W., Huang, T., … Dixon, J.B. (2020). Joint international consensus statement for ending stigma of obesity. *Nature Medicine*, 26, 485–497. https://doi.org/10.1038/s41591-020-0803-x

Sabin, J. A., Marini, M. et Nosek, B. A. (2012). Implicit and explicit anti-fat bias among a large sample of medical doctors by BMI, race/ethnicity and gender. *Plos One, 7*(11), e48448. https://doi.org/10.1371/journal.pone.0048448

Sandoz, E. K., Wilson, K. G., Merwin, R. M. et Kellum, K.K. (2013). Assessment of body image flexibility: The Body Image-Acceptance and Action Questionnaire. *Journal of Contextual Behavioral Science, 2*(1-2), 39–48. https://doi.org/10.1016/j.jcbs.2013.03.002

Schaefer, L. M. et Thompson, J. K. (2018). Self-objectification and disordered eating: A meta-analysis. *The International journal of eating disorders, 51*(6), 483–502. https://doi.org/10.1002/eat.22854

Schulte, P.A., Wagner, G.R., Ostry, A., Blanciforti, L.A., Cutlip, R.G., Krajnak, K.M., Luster, M., Munson, A.E., O'Callaghan, J.P., Parks, C.G., Simeonova, P.P. et Miller, D.B. (2007). Work, obesity, and occupational safety and health. *American journal of public health, 97*(3), 428–436. https://doi.org/10.2105/AJPH.2006.086900

Secrétariat à la condition féminine. (2009). *Charte québécoise pour une image corporelle saine et diversifiée.* http://www.scf.gouv.qc.ca/egalite/chic/

Simone, M., Emery, R.L., Hazzard, V.M., Eisenberg, M.E., Larson, N., Neumark-Sztainer, D. (2021). Disordered eating in a population-based sample of young adults during the COVID- 19 outbreak. *International Journal of Eating Disorders, 54*(7), 1189-1201. https://doi.org/10.1002/eat.23505

Société internationale de chirurgie esthétique et plastique. (2020, 9 décembre). *Global survey press release.* https://www.isaps.org/wp-content/uploads/2020/12/ISAPS-Global-Survey-2019-Press-Release-French-Canadian.pdf , https://www.isaps.org/wp-content/uploads/2020/12/ISAPS-Global-Survey-2019-Press-Release-French-Canadian.pdf

Stamate, I.F., Aimé, A., Gagnon, C. et Villatte, A. (article sous presse). Association between weight- and appearance-related bullying in high school and postsecondary academic adaptation in young adults. *Journal of School Violence.*

Stice, E., Schupak-Neuberg, E., Shaw, H.E. et Stein, R.I. (1994). Relation of media exposure to eating disorder symptomatology: An examination of mediating mechanisms. *Journal of Abnormal Psychology, 103*(4), 836–840. https://doi.org/10.1037/0021-843X.103.4.836

Strohacker, K., Carpenter, K. et McFarlin, B.K. (2009). Consequences of weight cycling: An increase in disease risk? *International Journal of Exercise Science, 2*(3), 191–201.

Swami, V., Horne, G. et Furnham, A. (2021). COVID-19-related stress and anxiety are associated with negative body image in adults from the United Kingdom. *Personality and Individual Differences, 170.* https://doi.org/10.1016/j.paid.2020.110426

Thompson, J.K., Heinberg, L.J., Altabe, M.N. et Tantleff-Dunn, S. (1999). *The scope of body image disturbance: The big picture*. Dans J.K. Thompson, L.J. Heinberg, M. Altabe et S. Tantleff-Dunn (dir.), *Exacting beauty: Theory, assessment, and treatment of body image disturbance* (p. 19–50). American Psychological Association. https://doi.org/10.1037/10312-001

Tiggemann, M. et Lynch, J. E. (2001). Body image across the life span in adult women: The role of self-objectification. *Developmental Psychology, 37*(2), 243–253. https://doi.org/10.1037/0012-1649.37.2.243

Tiggemann, M. et McCourt, A. (2013). Body appreciation in adult women: relationships with age and body satisfaction. *Body image, 10*(4), 624–627. https://doi.org/10.1016/j.bodyim.2013.07.003

Tiggemann, M., Anderberg, I. et Brown, Z. (2020). #Loveyourbody: The effect of body positive Instagram captions on women's body image. *Body Image, 33*, 129-136. https://doi.org/10.1016/j.bodyim.2020.02.015

Traoré, I., Street, M.C., Camirand, H., Julien, D., Joubert, K. et Berthelot, M. (2018). *Enquête québécoise sur la santé des jeunes du secondaire 2016-2017. Résultats de la deuxième édition. La santé physique et les habitudes de vie des jeunes, tome 3*. Institut de la statistique du Québec. https://statistique.quebec.ca/fr/fichier/enquete-quebecoise-sur-la-sante-des-jeunes-du-secondaire-2016-2017-resultats-de-la-deuxieme-edition-tome-3-la-sante-physique-et-les-habitudes-de-vie-des-jeunes.pdf

Tribole, E. et Resch, E. (2020). *Intuitive Eating, A Revolutionary Anti-Diet Approach (4th ed.)*. St. Martin's Griffin.

Tylka, T.L. et Wood-Barcalow, N.L. (2015). What is and what is not positive body image? Conceptual foundations and construct definition. *Body Image, 14*, 118-129. https://doi.org/10.1016/j.bodyim.2015.04.001

Vogel, L. (2019). Fat shaming is making people sicker and heavier. *CMAJ: Canadian Medical Association journal = journal de l'Association médicale canadienne, 191*(23), 649. https://doi.org/10.1503/cmaj.109-5758

Warburton, D.E., Nicol, C.W. et Bredin, S.S. (2006). Health benefits of physical activity: the evidence. *CMAJ: Canadian Medical Association journal = journal de l'Association médicale canadienne, 174*(6), 801–809. https://doi.org/10.1503/cmaj.051351

Weinberger, N.A., Kersting, A., Riedel-Heller, S.G. et Luck-Sikorski, C. (2016). Body Dissatisfaction in Individuals with Obesity Compared to Normal-Weight Individuals: A Systematic Review and Meta-Analysis. *Obesity facts, 9*(6), 424–441. https://doi.org/10.1159/000454837

Wertheim, E. H., Paxton, S. J. et Blaney, S. (2009). Body image in girls. Dans L. Smolak et J. K. Thompson (dir.), *Body image, eating disorders, and obesity in youth: Assessment, prevention, and treatment* (p. 47–76). American Psychological Association.

Wertheim, E.H. et Paxton, S.J. (2012). Body Image Development–Adolescent Girls. Dans T. Cash (dir.), *Encyclopedia of Body Image and Human Appearance* (p.187-193). Academic Press. https://doi.org/10.1016/B978-0-12-384925-0.00029-8

Wichstrøm, L., et Von Soest, T. (2016). Reciprocal relations between body satisfaction and self-esteem: A large 13-year prospective study of adolescents. *Journal of adolescence, 47*, 16–27. https://doi.org/10.1016/j.adolescence.2015.12.003

Wood-Barcalow, N.L., Tylka, T.L. et Augustus-Horvath, C.L. (2010). « But I Like My Body » : Positive body image characteristics and a holistic model for young-adult women. *Body image, 7*(2), 106–116. https://doi.org/10.1016/j.bodyim.2010.01.001

Zhou, Y. et Wade, T. D. (2021). The impact of COVID-19 on body-dissatisfied female university students. *The International journal of eating disorders, 54*(7), 1283-1288. https://doi.org/10.1002/eat.23521

Made in the USA
Monee, IL
01 September 2025